この3つで劇的にあか抜ける

人生が変わる
インテリア

大塚 彬子

はじめに

住宅の仕事に携わって、今年で20年になります。

「家を建てたら終わり」にしたくなくて、個人で仕事を始めたのは6年前のこと。現在は、一級建築士、インテリアコーディネーター、ライフオーガナイザーとしてリノベーションの間取り、収納、インテリアのトータル提案に加えて、ご入居後の収納のお手伝い、ディスプレイのサポートまで行っています。

そんな私が本書でお伝えしているのは、
お部屋が変わり、幸せな人生を歩めるようになるあなたらしいインテリアのつくり方です。

特におすすめしているのは、ある「3つのアイテム」。

それは、これまでたくさんのお客様に寄り添ってきた経験と、自宅での試行錯誤から導き出したもの。それさえあれば誰でも簡単に、すべての住まいがあか抜けます。従来にはない、新しいインテリアの考え方です。

さらに、「センスの良いお部屋を真似したけれど、なぜかイマイチ」「私にはおしゃれなお部屋は、ほど遠い……」と、今のお部屋に悩む方や、インテリアはそもそも敷居が高いと感じている方でも、手軽にお部屋を変えられるアイデアをたくさんご紹介しています。

けれど、私がお伝えしたいのは、小手先のテクニックではありません。なぜなら、見た目だけ素敵なインテリアを追い求めても、本当に満足するお部屋にはならないからです。

そのことに気づいたのは8年前。中古マンションを買って、リノベーションをした時でした。

「素敵な家を手に入れたら、幸せになれる」。

そう思っていたのですが、その頃の夫婦仲は最悪で、いつも満たされない気持ちで過ごしていました。

デジャヴのように思い出したのは実家のこと。

私は300坪の敷地に建つ、100坪の立派な家に生まれました。けれど家業の経営が傾き、祖母と父が毎日のようにケンカ。いつも緊張して過ごし、笑顔のない子ども時代を過ごしました。

「素敵な家に住んでいても、幸せは手に入らない」。

家づくりを生業としているのに、そのことを2度も経験した私が、幸せになれるインテリアってなんだろうと、たくさんもがいて出した答え。それは、
自分の「好き」を知っていることが、インテリアには不可欠だということです。

心の底から求めていることを知ること。自分への深い理解が、何よりも大切。

センスがいいお部屋というのは、自分の感覚とリンクしたお部屋です。一般的な常識ではなく、あなた自身のセンスを信じていい。むしろ、誰かのセンスを取り入れると失敗します。

私は今、2人の子のシングルマザーです。客観的に見たら大変そうに見えるかもしれませんが、実は、今が一番幸せです。

インテリアを整える過程で自分の心と対話し、理解を深めることで、本当の幸せを感じられる住まいが完成しました。初めて誰のものでもない、私らしい人生を歩んでいる感覚があります。

自信を持って、そうお伝えできるようになった私の変化、インテリアと向き合う方法、プロセスを本書に書きました。この本を手にとってくださった、あなたのお役に立てますように。

大塚 彬子

もくじ

CHAPTER

2

少しの工夫で今のお部屋が見違える！ インテリア・アイデア20

撮影：濱津和貴／イラスト：酒井真織／デザイン：植草可純、前田歩来（APRON）／
DTP：村上幸枝（Branch）／編集協力：大橋史子（ペンギン企画室）／印刷：シナノ印刷

PROLOGUE

人生が変わる
インテリアの力とは？

幸せな人生にたどり着くためのインテリア成功へのプロセス

「自分にはセンスがない」
「どうやったら（そんなに）おしゃれなお部屋になるのかわからない」

多くの方から寄せられるお悩みです。

ＳＮＳの急速な普及によって、素敵なインテリアの写真や情報を手軽にたくさん集められるようになりました。便利な反面、自分よりもおしゃれだと感じるお部屋と比べて、「できない」とあきらめてしまったり、落ち込んでしまう方も多いようです。

一方で、コロナ禍を経て、お部屋の居心地がどれだけ家族に影響するのか。その重要性に気がついた方も多いのではないでしょうか。

その通り、インテリアは見た目だけでなく、人の内面にも大きく作用します。それだけに、自分が本当に好きで、心からくつろげる空間をつくることが大切です。

けれどここ数年で、インテリアのジャンルも増え、組み合わせも無限大になりました。それにより、自分の好きなテイストがわからなくなったり、迷いが生じやすい現状があります。ここから脱するには、

「自分の好きを知る」
「お部屋を素敵に見せられる方法を知る」

という2つが必要になります。道のりが遠く感じられるかもしれませんが、実はインテリアのお悩みは、たった3つのアイテムを取り入れることで解決します。

「3つの神アイテム」を、本書でおすすめする順番通りにお部屋に取り入れていけば、確実にあなたらしい素敵なお部屋に変わります。そして、アイテムを選ぶ過程で、今まで気づかなかった本当の「あなたの好み」を知ることができます。

けれど、本題に入る前に、インテリア以前の問題を知っておく必要があります。

インテリア以前の「ごちゃごちゃしている」「ものを減らしすぎて殺風景」問題

お客様のお声を聞いていると、「あなたらしいインテリア」をつくる前に次の2つのうち、どちらかの問題につき当たります。

ひとつ目は「ごちゃごちゃしている」ということ。

このタイプのお宅を実際に訪問してみると、お子さんの学校の書類やカレンダー、家族写真などが壁の一部を占領している、ダイニングテーブルの上に書類、郵便物、文房具などが積み重なっているということが多々あります。

これでは、せっかくおしゃれな家具を置いても、インテリア小物を飾っても、ごちゃつきのほうに目がいってしまい、素敵だという印象が残りません。

2つ目は「ものを減らしすぎて殺風景」ということ。

ごちゃごちゃさせたくなくて、ものを減らしすぎてしまった結果、「お気に入りの家具を置いたのに、どこか物足りない」「なんだかリラックスできない」というお悩みが発生してしまうのです。

実際、訪れてみると、センスのいい家具がそろっているものの、必要最小限の家具しかないので、ガランとさびしい印象です。

あなたのお部屋は、どちらかに当てはまりましたか？

このように異なるお悩みの場合、それぞれの解決策はまったく別の方法になりそうですが、どちらのお悩みも同じ考え方で解決できます。

それが、次にご紹介する「視界1mの範囲」なのです。

意識するのは、「視界1mの範囲」だけでいい！

解決策としてご提案したいのは、住まいを新しくすることでも、お金をかけて豪華な家具を買うことでもありません。

「誰でも簡単に、インテリアを素敵に見せる方法」です。

たくさんのお宅にお伺いして解決策を模索していく中で、たどり着いた方法が、「視界1mの範囲」だけ意識すればいいということでした。

「視界1mの範囲」というのは、ダイニングテーブルの上（床から70cmの高さ）から高さ1mを指します。立った時で言うと、だいたい足の付け根から頭のてっぺんまでの範囲。立った時も座った時も、視界に情報が集まりやすい範囲です。

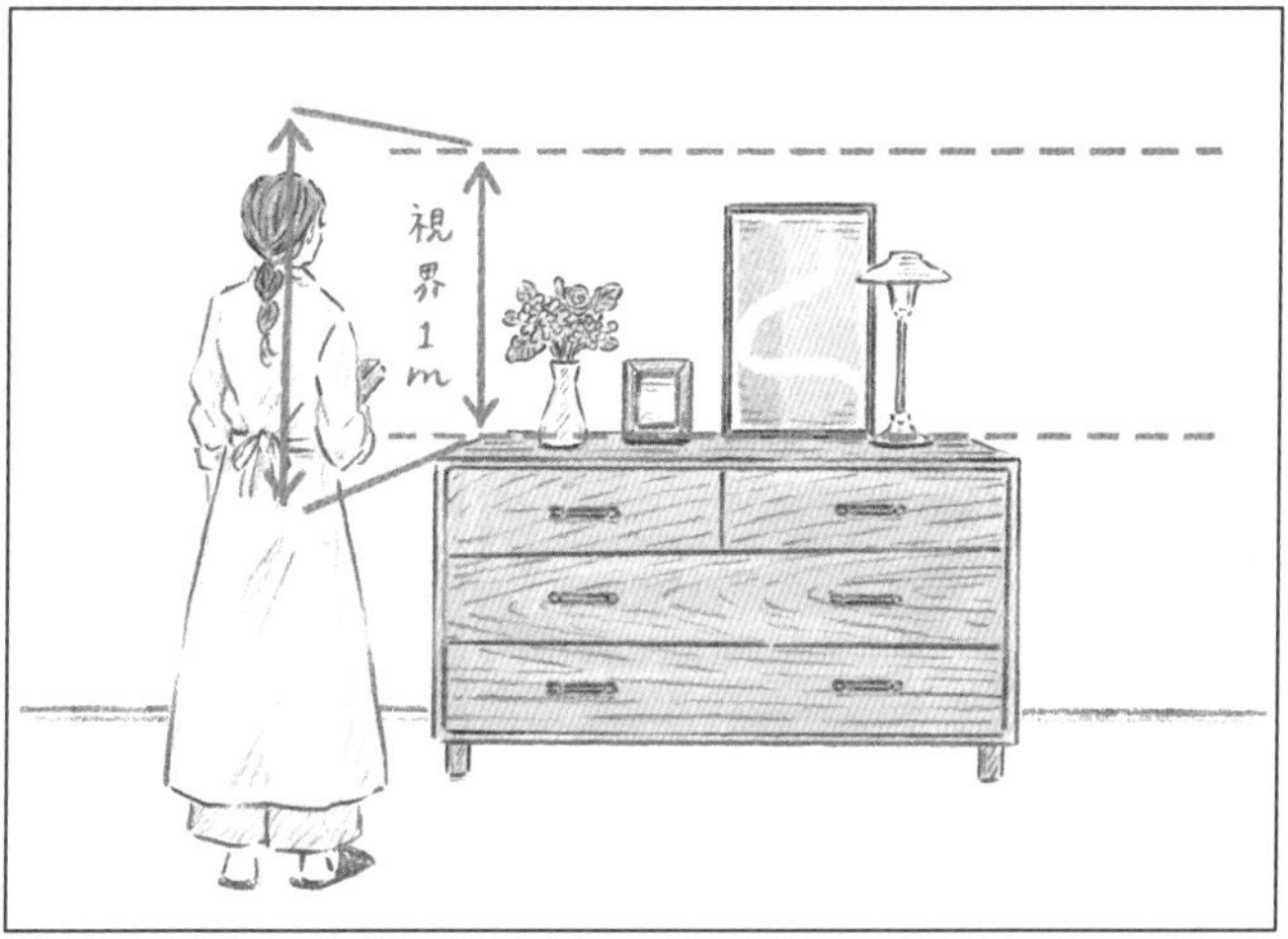

「視界1mの範囲」を意識して素敵にすれば、インテリアは確実に変わります。

具体的には、ソファ上の壁、チェストの上、ダイニングテーブルの上のペンダントライトなど、よく目が止まる場所です。ソファやラグなどは、「視界1mの範囲」よりも低い位置なので、インテリアへの影響は思ったほど大きくありません。

家じゅうを素敵にするのは大変ですが、「視界1mの範囲」だけなら、ハードルが下がりませんか？

まずは、お部屋の「視界1mの範囲」を意識してみましょう。

このアイテムで今すぐおしゃれな部屋になる。インテリア「3種の神器」

では、その「視界1mの範囲」に、どんなものを飾ったらインテリアが素敵に見えるのでしょうか？

私がプロとしてたくさんのお部屋をコーディネートしてわかった、一番効果があるアイテムは、

「グリーン（観葉植物）」

「ポスター」

「照明」

です。このアイテムは、私がインテリアの仕事をするうえで、必ず取り入れる基本

の3アイテム＝「3種の神器」です。

この3アイテムがおすすめの理由は、

- 確実にインテリアがセンスアップする
- いつからでも、どんなお家でも取り入れることができる
- リーズナブルである
- 狭くても、賃貸でもすぐマネできる

ということ。

多くの人の場合、インテリアを素敵に変えるためには、「ソファを新しく買おう」とか「ダイニングチェアを少し良いものにしよう」と、大きな家具を買い替えなくてはと考えがちです。けれど、高価なものですから失敗したくありませんし、検討や決断に時間がかかります。

それに、高価なソファを買うと、その周りの家具との兼ね合いも気になります。

ここで声を大にしてお伝えしたいのは、ソファやダイニングチェアなどの家具は「視界1mの範囲」には入らないので、かけた金額に対してお部屋がそれほど大きく変わらないということです。

その点、「グリーン」「ポスター」「照明」があれば、ソファほどお金をかけなくても、確実にインテリアが変わります。

手持ちの家具を変える必要もありません。「3種の神器」を取り入れれば、インテリアを挽回させることが可能なのです。

また、ポスターは壁に飾り、照明は天井から吊るせば、余計な場所を取りません。狭くてインテリアを諦めていた方でも、手軽に取り入れることができます。

3種の神器で「ごちゃごちゃしている」「殺風景」も解決する！

「視界1mの範囲」に「3種の神器」を飾るメリットは、前述の「ごちゃごちゃしている」「ものを減らしすぎて殺風景」という問題も解決してくれます。

「視界1mの範囲」に素敵なグリーン、ポスター、照明を配置すれば、視線がその部分に集中するので、他の部分が多少ごちゃごちゃしていても気にならなくなります。

「ものを減らしすぎて殺風景」という問題も、この3種の神器によって払拭され、お部屋にメリハリがついて、インテリアが格段にセンスアップします。

「3種の神器」の具体的な取り入れ方については、次のチャプター1からくわしくお伝えします。

インテリアを整えることは、自分自身と向き合うこと

ここで「インテリアはお部屋を変えるだけでなく、自分の未来を変えることができる」ということをお伝えさせてください。

それを知ることでもっと、インテリアの重要性を知ってもらえると思うからです。

私は現在、建築・インテリアのプロとして仕事をしていますが、かつては、みなさん同様、自分のお部屋に自信が持てませんでした。

「はじめに」でもお伝えしましたが、結婚して5年ほど経った頃に中古マンションをリノベーションしました。せっかく家を新しく素敵にしたのにもかかわらず、子育て

と仕事の両立が大変で、常にイライラ、夫との仲も険悪に。自分にもお部屋にも自信が持てず、毎日が楽しくありませんでした。

このままではいけない、「自分を変えよう」と思い立ちます。そのとき、なかなか思うように変わらなかった内面を変えていくのに、インテリアという身近な環境を変えていくのが、とても効果的だったのです。

その頃は、子どもにお金がかかるからと、自分のことは後回しだったのですが、最初にやってみたのは、「自分のためだけ」にお花を買ってみることでした。

子どもの頃、実家の庭の緑やお花に癒されていたことを思い出したのです。飾ってみると時間の流れまでもが、ゆっくりと感じられるようになり、「焦らなくてもいい」と、肩の力がふっと抜けていきました。

それから少しずつインテリアを整えていくようになりました。どこに何を置こうか考えたり、ものを選んだりしていく中で、ぼんやりとしていた好きなもの、自分の価値観がはっきりとしてきたのです。

インテリアが変わると私の未来も変わる

インテリアを探るとき、「私は何が好きか？」「どんなことに喜びを感じるのか？」と、自分に問いかけ、心の声に耳を傾けることをしました。それはいつしか習慣となり、後回しにしがちだった自分のことを、大切に扱えるようにもなりました。

そして、徐々に「こんな私になりたい」と自分の未来像が明確に。明るい未来をイメージしてインテリアを変えていくことで、いつも「こんな私になりたい」を意識して暮らせるようになり、内面も確実に変わっていきました。

このことから、環境（＝インテリア）は人を変える力がある、ということを身をもって実感することができました。

私は住まいづくりのプロとして、素敵な家にすることにはこだわりがありますが、主役はそこに住むご家族だと思っています。見た目の美しさだけでなく、どんな空間だったらくつろげるのか、本当に必要なものは何なのかなど、永い目でご家族の幸せを見据えています。

インテリアだけでなく、すべてにおいて選択肢が増え、正解がない時代。自分軸がないと、多くの情報に惑わされやすく、迷うことが多くなります。だからこそ住まいの軸を整え、最高に心地よい空間にして欲しい。

イライラしたときも、疲れたときも、悲しいときも、あなたを癒してくれる、明日のあなたを応援してくれる、そんな家にして欲しいと思っています。

インテリアが、あなたの力になることを心より願っています。

CHAPTER

1

「3つの神アイテム」で、どんなお部屋も劇的に変わる！

3種の神器

IDEA 1

誰でもセンスアップできるインテリア3種の神器は、「グリーン」「ポスター」「照明」

ここからは、「視界1mの範囲」に、インテリア3種の神器を効果的に取り入れる方法をご紹介します。

3つのアイテムの中で視覚的にインパクトが強く、インテリアの変化を感じやすいのがポスターです。

けれど、今までポスターを壁に飾ったことがない方にとっては、少しハードルが高いかもしれません。どんなものをどこに飾ったらいいかなど、わからないことが多くてチャレンジしにくいですよね。

そこで、初心者さんにまず一番に試してほしいのが、グリーンです。

まずは、グリーンを飾ってみましょう

どんなインテリアにも合わせやすく、空間をさりげなく素敵に見せられるアイテムがグリーンです。

私は、仕事で竣工時にオープンルーム（お客様に新しくつくった家を見ていただく）をするのですが、その際、必ずグリーンを飾っています。なぜなら、家具を置くよりも、楽に気軽に、空間におしゃれさと温かみをプラスしてくれるからです。

次はポスター、最後の仕上げで照明を

グリーンの次に試してほしいのが、ポスターです。グリーンでインテリアの楽しさに目覚めてきたら、「視界１ｍの範囲」にお気に入りのポスターを飾ります。

今まで飾ったことがない方には、勇気がいるかもしれませんが、その効果は抜群です。実際にやってみるとわかりますが、お部屋全体が一気にグレードアップします。

お客様のお声でも「ポスターでこんなに変わるなんてびっくりした」というご感想を、たくさんいただきます。

そして、最後は照明。

ポスターやグリーンに比べたら値段が高いので、気軽には買えないアイテムです。

失敗せず、お気に入りのものを見つけられるか自信がないという方もいるかもしれません。けれど、ポスター、グリーンで、自分好みのインテリアの方向性を探った後なら大丈夫！　必ず、お気に入りをセレクトできるはずです。

「視界1mの範囲」におしゃれな照明があれば、格段にセンスアップしますし、照明が演出する光は、暮らしを豊かに変化させてくれます。それだけに、照明は最後の仕上げと言えますね。

次のページから、3種の神器の具体的な選び方を順にご紹介していきます。

リビングの「視界1mの範囲」とは、ソファの上あたり（床から70cm）から1mくらいのこと。大きめのグリーン、フロアライトがあるとおしゃれな空間に。

ダイニングの「視界1mの範囲」とは、ダイニングテーブルの上（床から70cm）から１mくらいのこと。ペンダントライト、ポスターはこの位置です。

グリーン

IDEA

2

小さなグリーンより「1.5mの大きめグリーン」がインテリアに効果大！

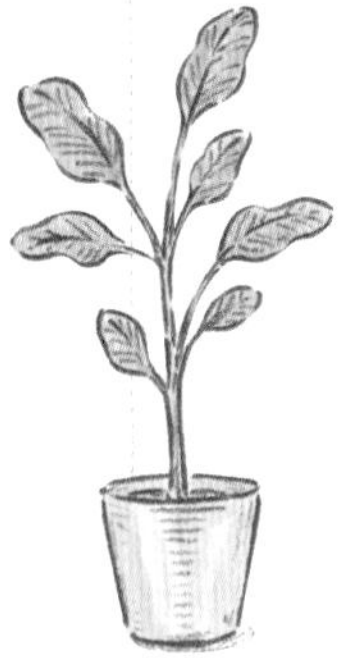

高さ1.5m程度の大きさのグリーンは、「視界1mの範囲」を劇的に変えてくれます。目安はダイニングテーブルの高さ2倍くらいとお伝えすると、イメージしやすいでしょうか。

大きなグリーンは、

- **お部屋を明るく、広く見せてくれる**
- **空間に動きが出て、生き生きとしたインテリアになる**

というメリットがあります。

この効果は、小さなグリーンでは出せません。

今までそんな大きさのグリーンを置いたことがない方は、躊躇してしまうかもしれません。けれど、家具を買うほどのお金をかけずに大きな変化を出すには、このサイズが重要。ひとつ置くだけで、存在感が出てサマになるのです。

背の高いグリーンは、窓際に置くのが効果的です。

人の視線は、おのずと窓のほうに向けられることが多いからで、お部屋に入ったときに「視界1mの範囲」にグリーンがあると、空間がパッと華やぎ、生き生きとした明るい印象になります。

また、窓の外のグリーンとお部屋のグリーンが連なって見えて、外と中が続いているような感覚になり、実際の平米数よりも広く感じられます。

お部屋が開放的な空間になると、気持ちもリラックスしますね。

この効果は、窓の外にグリーンが見えない環境であっても、同じように感じられます。

また、お客様のお悩みで多いのが「ごちゃごちゃしている」「ものを減らしすぎて殺風景」だと、プロローグでもお話ししました。「ごちゃごちゃしている」と悩んでいる方にとっては、グリーンに視線が集まることで、その他のものが目立たなくなるというメリットがあります。「ものを減らしすぎて殺風景」と悩んでいる方にとっては、グリーンが華やかさをプラスしてくれて、殺風景が解消されます。

どんな条件の方にとっても、プラスの効果がはたらくのがグリーンなのです。

「視界1mの範囲」に1.5mの大きめのグリーンを置くだけで、素敵なインテリアに。特に窓際に置くのがおすすめで、空間が明るく広々と感じられます。

それから、大きめグリーンは初心者さんにとって、うれしいポイントがあります。それは、体力があって枯れにくいので、育てやすいということ。

小さいグリーンだと、条件が悪いとすぐに枯れてしまいます。一度でも枯らしてしまうと、またグリーンを買おうという気持ちも薄らいでしまうでしょう。けれど、大きめグリーンは多少の水やりを忘れても、すぐに枯れることはありません。特に、葉が大きくて厚いものは丈夫です。

大きめグリーンを買ってみようかなと思っていただけましたか？　次は、どんなグリーンがあなたのお部屋に合うのか、一緒に考えていきましょう。

選び方のコツは、葉の大きさ、形、色

グリーンと言ってもその種類は豊富なので、どれを選んでいいのか迷う方も多いはずです。

葉の大きさ、形や色によって印象が違うので、どんなインテリアに合わせたいのか、お部屋をどう見せたいのかを考えて選ぶことが重要です。葉のタイプによるイメージをご紹介します。

▼葉の大きさ

大きい→ダイナミック、かっこいい、空間にメリハリがつく
小さい→かわいい、繊細、空間になじみやすい

▼葉の形

細い→さわやか、スタイリッシュ
丸い→やわらかい、かわいい

▼葉の長さ

長い→大人っぽい、シャープ
短い→かわいい、さわやか

▼葉の色

薄い→明るい、透明感、かわいい

濃い→落ちつく、上質・上品、大人っぽい

どのグリーンを選んでも、家具と違って「失敗した！」ということはありませんが、主張が強すぎるものは避けたほうが無難です。

パキラやモンステラのように葉が大きく印象が強いものは、南国風のインテリアにしたい場合や、テイストを上手にミックスできる場合以外はおすすめしません。

どんなインテリアにも合うおすすめのグリーン5種

具体的におすすめのグリーンを教えて欲しいという方のために、インテリアになじみやすく、育てやすいグリーンをピックアップしてみました。いずれも1.5m程度の大きさのものをおすすめします。

フィカス　アルテシマ

お手入れが楽で丈夫な、私のイチオシです。明るい黄緑色で斑入りの葉が特徴。ツヤもあるので、インテリアに透明感がプラスされます。特に、今のインテリアをより明るい雰囲気にしたい方・元気が出る雰囲気にしたい方におすすめします。

乾燥に強いので、水やりの手間も少なめです。日光が好きなので、レースのカーテン越しの窓際に置きます。

フィカス　ベンガレンシス

丸みのある葉ですが、マットな濃い緑なので、大人っぽい雰囲気のインテリアになります。チェリーやウォルナットなどの濃いめの家具が使われているお部屋にぴったりです。

また、明るい雰囲気のお部屋に、落ち着きをプラスしたい場合にもおすすめです。アルテシマよりは耐陰性（日陰に耐える力）があるので、窓際以外の明るい場所に置いても。やや乾燥に弱いので、様子を見ながら水やりをします。

▼フィカス　ウンベラータ

ハート型の葉が特徴ですが、大きめなのでかわいくなりすぎません。ナチュラルな雰囲気をつくり出すのに、イチオシです。

オークやアッシュなど明るめの家具を使った空間に合います。スタイリッシュな空間に、明るさや、やさしい雰囲気をプラスしたい場合にもいいでしょう。

葉が薄く、乾燥には要注意。寒さに弱いので、冬は日の当たる窓際など暖かい場所に置きます。

▼シュフレラ　ホンコンカポック

他の4種に比べて、葉が大きすぎず小さすぎないちょうどいいサイズで、主張が少なくどんなインテリアにもなじみます。

手の平を広げたように葉がつくことが特徴です。緑1色のもの、斑入りのものなど、種類が色々あります。

日光が好きで乾燥に強いので、レースのカーテン越しの窓際などに置きます。

どんなインテリアにも合う！　おすすめグリーン

フィカス
アルテシマ

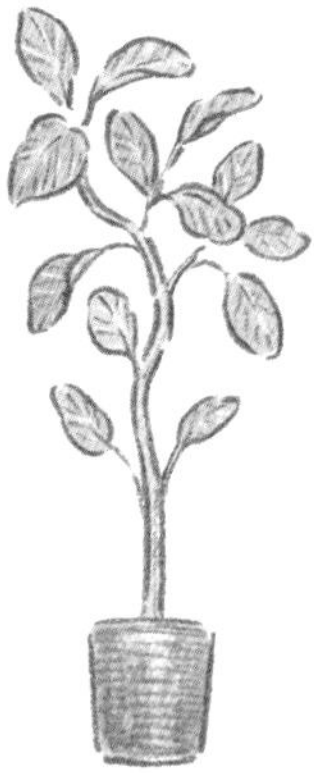

フィカス
ベンガレンシス

フィカス
ウンベラータ

シュフレラ　ホンコンカポック

ドラセナ　コンシンネ

▼ドラセナ　コンシンネ

細長い葉の形がシャープな印象になり、お部屋がスタイリッシュに。葉の色が濃いものから薄いものまでありますが、薄い緑を選べば、少しやわらかい印象になります。シャープな葉の形から、スタイリッシュな空間にしか似合わないと思われがちですが、ナチュラルな空間に取り入れるとミックス感が新鮮でおしゃれに感じられます。

5種類のグリーンをご紹介しましたが、サイズが大きいだけに、「本当にこれでいいの？」と迷うこともありますね。

そこで、おすすめするのは、購入する前にお部屋のシミュレーションをすることです。スマホのインスタグラムのストーリー機能を使ってできるので、ぜひやってみてください（やり方はP．88参照）。

見落としがちだけど、大切な鉢と鉢カバーの選び方

飾るグリーンが決まったら、次は鉢、または鉢カバーを選びます。

意外かもしれませんが、鉢や鉢カバーで、おしゃれに見えるか、ダサ見えしてしまうかが決まります。

市販のグリーンは、プラスチックの鉢に植えられているか、そのまま鉢に植えられているかのどちらかです。

プラスチック鉢をそのまま置いてしまうと、安っぽさでダサ見えしてしまい、せっかくのお部屋を素敵に見せるはずのグリーンの効果がほぼゼロに。グリーンは2年程で土の入れ替えが必要になるので、軽くて作業がしやすいプラスチック鉢はそのままにして、鉢カバーで覆うことをおすすめします。

鉢は、少し大きめのサイズを選ぶといいでしょう。植物の種類にもよりますが、早く大きくなり、鉢が小さくなってバランスが悪くなっているケースを、お客様宅でよ

く見かけるからです。

グリーンと鉢のバランスが気になるようなら、手前にカゴを置くなど、別のアイテムと組み合わせると、鉢の大きさが目立ちにくくなりますよ。


次は、鉢の色の選び方です。鉢の色は床の色との相性を考えます。床が薄い色なら鉢も薄い色、濃い色なら鉢も濃い色が基本です。

真っ白でツヤのある鉢は、床が濃くても薄くても、コントラスが強すぎて悪目立ちしてしまいます。白系を選ぶなら、マットな白、もしくはグレーがかった白など、少し色が入ったものがおすすめです。

真っ黒の鉢は、濃い色の家具が多いインテリア空間にはなじみますが、それ以外の空間には浮いてしまいがちです。

また、一見すると、木の色に近いベージュの鉢は床と同色なので、うまく調和がとれると思われがちですが、なじみすぎると素敵に見えません。

そのバランスが難しいかもしれませんが、床とコントラストがつきすぎず、なじみすぎないような色にすること。シミュレーション(P.88参照)でお部屋に合うかチェックしてみるのがおすすめです。

おしゃれ度がアップする鉢の形とは？

最近は、鉢の形も豊富になり、選ぶ楽しみも増えました。グリーンを引き立て、お部屋にあるだけでおしゃれに見える鉢の形は、左のページの通りです。

左のページを参考に、グリーンを購入するお店で鉢も一緒に購入できると、失敗が少ないですね。

おしゃれに見える！おすすめの鉢の形

バルーン（風船）形

エッグ（卵形）とも言われ、真ん中に膨らみがあり、口の部分がすぼんでいます。グリーンのスタイルを、一番よく見せてくれる形です。お部屋にやわらかい雰囲気をプラスしてくれます。

スクエア形

スタイリッシュでかっこいい印象に。細長い葉や尖った葉のかっこいいグリーンとも相性がいいですが、丸みのある葉のグリーン、幹が曲がったグリーンと組み合わせても、甘さが引き算されておしゃれに見えます。

円柱形

くびれがない、ストンとした形です。バルーン形とスクエア形の両方の要素があり、やわらかさもありながら、洗練された印象になります。

グリーン

IDEA

3

グリーンを育てることは心のセルフケアにもなる。自分の手で、お部屋も心も変えられる

グリーンを置くことは、インテリアが素敵になるだけではなく、それ以外にも良いことがたくさんあります。

植物はその場に根を張り、生きていくと決めると、害虫を寄せつけないための成分を周囲に発散することで自らの身を守るそうです。その身を守るバリアのような成分は、私たち人間のストレスや緊張を緩和させてくれる作用があるといいます。

グリーンが私たちに与えてくれる恩恵はそれ以外にも、お部屋の空気を浄化したり、目の疲労感や眠気を緩和したり、気持ちをポジティブにしてくれる効果が様々な研究で証明されています。

実際に私も、生き生きと生命力あふれるツヤツヤの葉を見ると、清々しい気持ちになり、たくさんの元気をもらっています。

また、グリーンは、他のインテリア小物にはない「育てる」という手間がかかるもの。慣れてくると、育てられていることに自信が持てるようになり、育てている側の自己肯定感も育まれていきます。

それに、グングン育っていく様子を毎日見られるのはうれしいものです。手間をかけてあげると、徐々に家族の一員のようにも思えてきます。大切に育てたいという気持ちが芽生えてくると、植物のための環境も整えてあげたくなります。

コートが必要なほど寒い日が続いたら、お部屋の温度調整をするか、グリーンを暖かい場所に移動してあげます。肌が乾燥していると感じたら、グリーンのためにも、自分のためにも、お部屋を加湿してあげるといいですよ。植物のために環境を整えてあげることが、自分の環境を整えることにもつながります。

ほかにも、育てていると、沢山の気づきがあります。

葉が茂りすぎたり、枯れ葉が残っていたりしたら、それを切って整えてあげますが、生き生きと活動をするには、いらないものを削ぎ落とすことも必要なんだと気がつきました。

仕事でもプライベートでも、やりたいことに集中するために、取捨選択をしていく大切さをグリーンに教えてもらったのです。

グリーンは、それぞれに適した環境でないと弱ってしまいます。それはきっと、人も同じ。なるべく自分に合った環境に身を置きたいものですが、学校や会社など外の環境は、簡単には変えられないかもしれません。けれど、お家という内なる環境なら、あなた自身の意思で変えていくことができます。

グリーンを身近に置くことは、心のセルフケアにもつながるということ。

あなたや家族が癒され、より元気に、充実した日々を過ごせるように、上手に取り入れていきたいですね。

ポスター

IDEA 4

視界1mの範囲に「50×70㎝のポスター」があるだけで、センスが格上げされる

インテリア3種の神器の2つ目は、ポスターです。

これも「視界1mの範囲」を変えるということに効果的なアイテムです。小さな雑貨では、空間を大きく変えることはできませんが、ポスターを1枚飾ることで、お部屋は確実にあか抜けます。

そもそも、壁という広いスペースを活かしていないお宅が多くあります。それは、とてももったいないですね。

ポスターには、

- 視線を集めて、空間をセンスよく見せる
- お部屋の雰囲気をガラリと変えることができる

という効果があります。

キャビネットの上は「視界1mの範囲」なので、50×70cmのポスターを飾ると、お部屋の雰囲気がガラリと変わります。リビングに飾るポスターの絵柄は、慣れないうちは目立ちすぎずにインテリアになじむものがおすすめです。

ポスターに慣れてきたら、こんな飾り方にもチャレンジ。コンソールの上のお花や小物にボリュームがあるので、壁のポスターは少し小さめサイズです。

「視界１mの範囲」の壁に、50×70cmの白黒のポスターを飾ってみました。ナチュラルな雰囲気のお部屋が、グッと大人っぽくなりました。

目線の高さにポスターが1枚でもあると、その面積の大きさから、お部屋の印象を大きく変えることができます。

例えば、女性らしいナチュラルな空間に、白黒のポスターを飾ってみると……。それだけで、ピリッとしたスパイスが加わって、グッと大人っぽい雰囲気になります。

また、ポスターにもグリーン同様、視線を集める効果がありますから、「ものを減らしすぎて殺風景」「ごちゃごちゃしている」というどちらのお悩みも解消されます。

高価な家具を買い替えなくても、ポスター1枚でこんなにも空間を変化させることができるのですから、ポスターを飾らない手はありません。

⇩

壁に何も飾っていないと、殺風景でさびしいお部屋です。でも、ポスターを飾るだけで、生き生きとした空間に。グリーンをプラスすると、もっとおしゃれになります。

ポスターが50×70㎝には理由がある

小さいポスターでは、空間を変える効果はありません。私がおすすめするサイズは、横50×縦70㎝です。飾ったことがない方にとっては、「大きいな」と感じるかもしれませんが、この大きさには理由があります。

少し専門的になりますが、家の寸法は一間・半間という基準でつくられています。一間は182㎝、半間はその半分の91㎝です。ドアや廊下の幅は、人が通れるほどの半間で設計されていることが多いです。

壁も同様に、半間、もしくは半間の倍数でつくられています。家の中を見渡してみると、半間の大きさの壁面が、意外と多くあることに気づくはずです。

半間の壁にポスターを飾るとき、一番バランスがいいのが、半間の半分の大きさ(約46㎝)なのです。市販のポスターでは、50×70㎝という規格が当てはまります。

また、50×70㎝のポスターは床に置いてアクセントにする、といった場合にも効果

50×70cmのポスターがバランスがいい

家の中には、半間（91cm）の壁が多いです。壁の幅の半分が埋まるように、ポスターを飾ります。

的なサイズです。

大きな壁面に飾る場合は、50×70cmをメインにし、2〜3枚組み合わせるといいでしょう。

キャビネットやソファの上に飾る場合は、家具の幅の半分のスペースを意識するとバランスが良くなります（P．66参照）。

ポスターの絵柄はどう選ぶ？

次に、ポスターの絵柄を考えます。

ポスターの絵柄は本当にたくさんあるので、「どれがいいのかわからない」という方も多いはず。最初の1枚は、「白黒のイラスト」のものがおすすめです。私も持っていますが、どんなインテリアにも合い、大人っぽく見せてくれます。

以前、色数が多いビビットなポスターを飾っていましたが、インテリアから浮いてしまい、しっくりきませんでした。逆に、白っぽいポスターは白い壁になじみすぎてしまい、せっかく飾ったのに少しさびしく感じました。
そういった点で、白黒のイラストのポスターは、アクセントになりつつお部屋にもなじみやすいのが利点です。モチーフははっきりしていない抽象的なものがいいでしょう。色を入れたい場合は、初心者さんはベージュやグレーなど、ビビッドではないものを選ぶと失敗が少ないのでおすすめです。

買う時のポイント「どこで？」「いくら？」

私がポスターを探すのは、だいたいネットショップ。少し値段が高いですが、確実におしゃれなものが見つかるのは、「HAFEN」「nest interior」「IDÉE」です。
ポスターとの出会いは一期一会。すぐに売り切れてしまうことも多いので、時々のぞいてチェックをしています。

また、価格がリーズナブルで買いやすいのが、「POSTER STORE」「LINSL」「IKEA」です。お試しの1枚を探すのなら、こちらのショップがいいでしょう。

よくお客様から、「いくらぐらいのポスターを買ったらいいですか？」と質問されます。なかなか難しい質問ですが、私の場合、初めて買ったのが白黒のポスター8000円でした。デザインも質感も気に入っているため、気分で飾る場所を変えて、今でも愛用しています。永く使えているので、この価格が私のひとつの目安になっています。

以前、1000円台のポスターを買ったことがありますが、表面のツヤが目立ち、空間全体がチープな感じに見えてしまいました。逆に、ポスターの質感がよければ、空間全体の質もアップするということ。

ポスターの値段には、デザインだけではなく、紙質や印刷の技術も含まれます。紙質はマットなほうが高級感があるのでおすすめです。

複数枚のポスターをおしゃれに飾る方法

前のページでポスターのサイズは、壁幅の半分を意識するのがバランスがいいとお伝えしましたが、大きい壁面では50×70㎝のポスター1枚では足りません。その場合、複数枚飾ることで、ボリューム感が出てバランスもとれてきます。

このときも1枚のときと同様に、全体のフレームが、飾る壁幅の約半分に収まるようになるのが目安です。飾る位置は真ん中ではなく、左右どちらかにずらしたほうがよりおしゃれに見えます。

複数枚飾るときは、フレームの大きさはそれぞれ変えてもOKですが、絵柄のテイストはそろえること。初心者さんは、白黒のポスターを同じ材質のフレームに入れると失敗がありません。

2枚飾るときのポイント

ポスターのテイストを合わせ、同じフレームに入れます。 ポスター2枚分の幅は、ソファ幅の半分くらいに収めます。

3枚飾るときのポイント

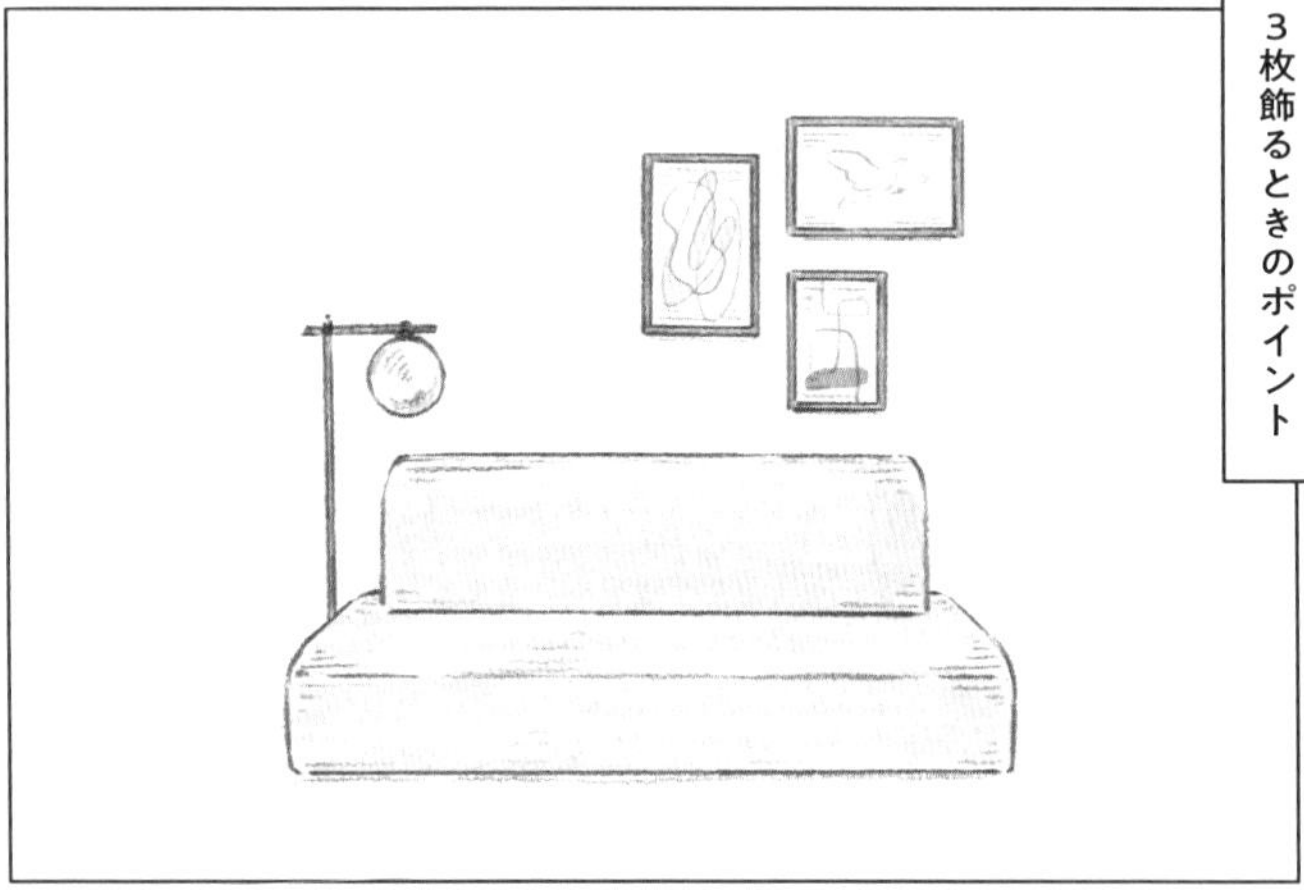

2枚飾るときのポイントにプラスし、ポスター同士の間隔をそろえます。フレームは同じものでなく、テイストをそろえるだけでもOK。

4枚以上飾るときのポイント

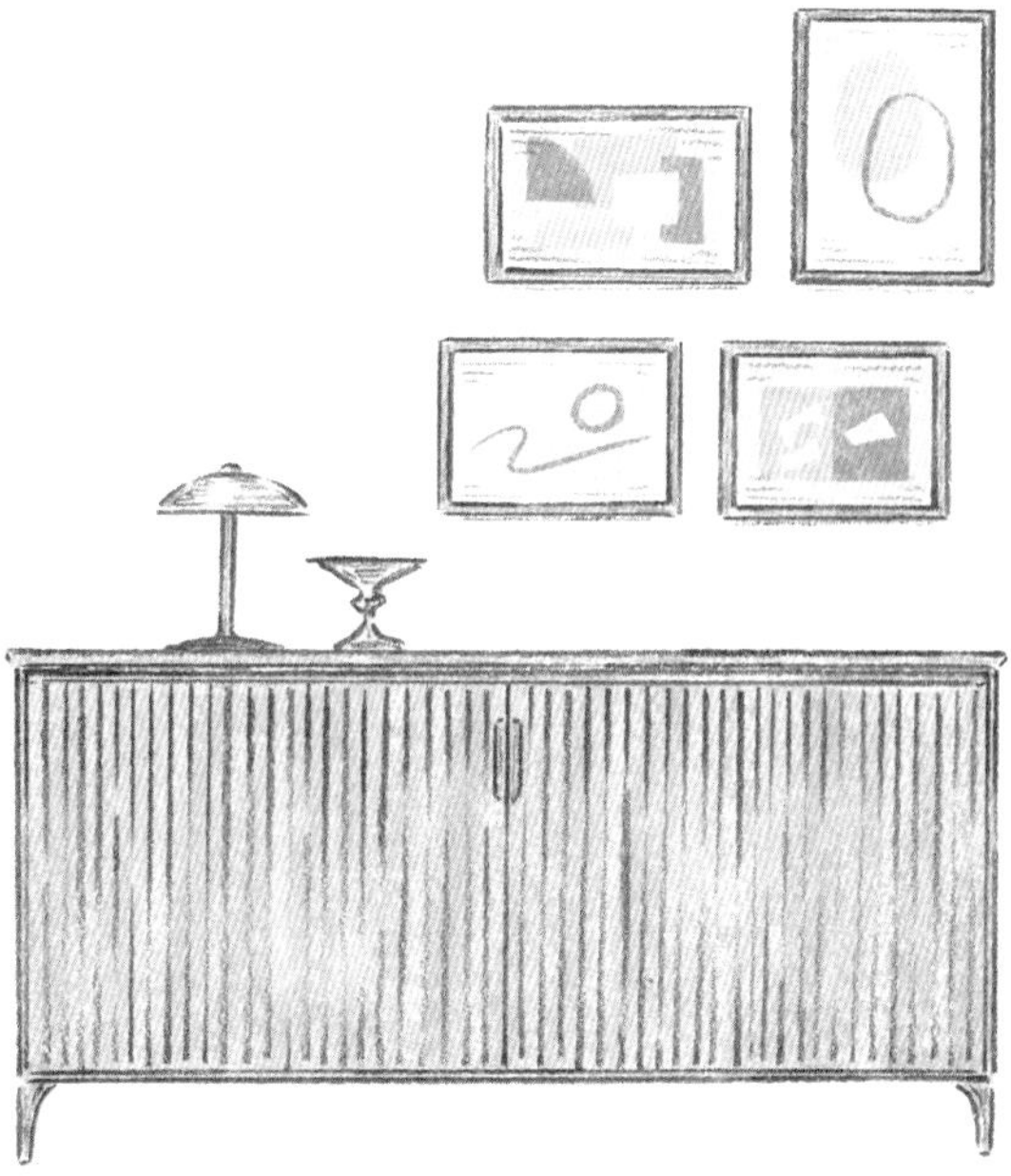

3枚飾るときのポイントにプラスし、ポスターの縦か横のラインを、どこか2カ所そろえます。

フレームは、インテリアのテイストとは反対のものを選ぶ

フレームの色は次のように、インテリアのテイストと反対のものをおすすめします。

- ナチュラルなインテリアには、黒のフレーム
- スタイリッシュなインテリアには、ナチュラルな木のフレーム

意外に思われるかもしれませんが、フレームの色がお部屋と同系色だと、なじみすぎてあか抜けない印象になります。

フレームの太さによっても、雰囲気が変わります。太いものは、重厚感が出てクラシックな雰囲気に、細いものは、繊細で大人っぽい雰囲気になります。

私がよくフレームを購入するネットショップは、「nest interior」。「IKEA」でも購入します。シンプルなデザインで価格がリーズナブルな「アートプリントジャパン」の「フィット」というフレームもおすすめです。アマゾンや楽天で購入ができます。

まずは、インテリアとは反対の黒かナチュラルなフレームを購入すると重宝します。徐々に、色、素材、太さなど、種類の違うものをそろえていきましょう。

ポスター

IDEA 5

ポスターを飾ることは、自分の心と向き合う「ポスターテラピー」にもなる

アロマテラピーなど、香りで心身の調整をする自然療法がありますが、私は「ポスターテラピー」なるものがあると思っています。

私がポスターを今の家に初めて飾ったのは、2016年、次男が3歳の時。夫婦の仲に亀裂が入り、私の心の中はいつもザワザワしていました。

その頃の私は、状況をどうにかしたい、自分を変えたいと、ものすごくもがいていました。いろいろな本を読んで学んだ結果、自己肯定感が低く、自己受容もできていないことに気がつきました。

これでは負のスパイラルから抜け出せない。どんな自分でも丸ごと愛そうと思い、ポスターの力を借りることにしたのです。

飾ったのは、「GLOVE me in WINTER」の文字がある、かわいい手袋のイラストが描かれたポスターです。それを毎日目にするキッチンに飾ってみると、自分を大切にしようという意識が芽生えてきました。

このポスターがきっかけで、今まで気づかなかった心の中の自分との会話を意識し始めました。すると、これまで「こうすべき」「こうあるべき」というような厳しい言葉を、自分で自分に投げかけていたことに、初めて気づくことができたのです。

そして次に飾ったのは、自分がなりたい女性像をイメージしたポスター。それを目にすることで、「こんな素敵な女性になりたい」と自分の心が前向きに変わっていきました。

私たちは毎日、目にするものから自然と影響を受けているんですね。

このように、ポスターはインテリアを変えるだけでなく、「どんなふうになりたいのか?」「どんな自分でありたいのか?」と、自分自身の心の状態や意識のコントロールを、手助けをしてくれるアイテムだと思っています。

もし、純粋に好きなポスターが見つからない、どんなポスターを探したらいいのかわからない方は、次のような視点からポスターを探してみるのもいいかもしれません。

どんな自分になりたいのか？
どんな自分でありたいのか？

インテリアでなりたい自分の未来を先取りすれば、いつも意識をすることができます。理想の自分に追いつくスピードが速くなりますよ。

照明

IDEA 6

ソファよりも、「照明」にお金をかけるべし。コスパよく、センスアップできる

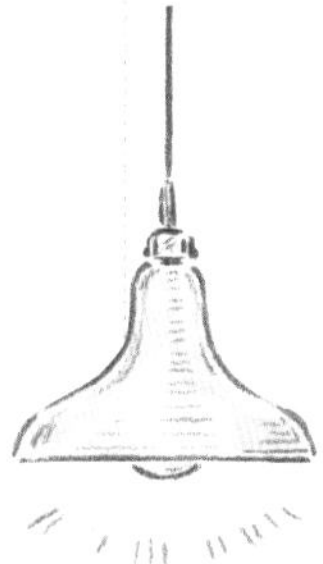

多くの方は「ソファがインテリアを素敵に見せてくれる」と、思いがちです。けれど、ソファにお金をかけても、リビングが素敵になるかというと、そうではないケースのほうが圧倒的に多いのです。

リビングを素敵に見せてくれるのは、「視界1mの範囲」に入るアイテム達。プロローグでもお話ししましたが、ソファは、「視界1mの範囲」よりも低い位置なので、インテリアへの影響は思ったほど大きくありません。

それよりも、インテリア3種の神器の3つ目、照明を取り入れたほうがグッと素敵になります。

それに照明は、ずっと永く使えるコスパの良いアイテムでもあります。対してソファは、家具の中ではコスパはワーストワン。ファブリックのソファは、2年も経てば生地の汚れや傷みが目立ち、カバーを替えるとなるとお金がかかります。

限られた予算でお部屋を変えようと思ったときには、ソファにかける予算を見直し、照明にこそお金をかけて欲しいと思います。

上：キャビネットの上などに気軽に置けるスタンドライト。素敵なデザインを選んで、インテリア小物としてポスターと組み合わせると、おしゃれなディスプレイに。

右：リビングに高さのあるフロアライトを置くと、それだけでドラマチックな雰囲気に。「視界1mの範囲」に入る高さのものを選びましょう。

左：ダイニングテーブルの上にペンダントライトを取り入れます。シェードの色とポスターのフレームの色を合わせて、統一感のあるインテリアに。

照明には、

- 夜の灯りとしてだけでなく、インテリアのアクセントにもなる
- 空間にメリハリをつけられる
- ドラマチックな雰囲気を演出できる

といった効果があります。

最初に照明を変えるなら、ダイニングまたはリビングの照明です。たいていのお宅には、天井にシーリングライトがついています。シーリングライトは、お部屋全体を明るくしますが、メリハリがない空間をつくります。また、蛍光灯の白っぽい灯りは、オフィスのような緊張感を生み出します。

そこで、思い切ってシーリングライトを外し、ダイニングテーブルの上にはペンダントライトを、リビングにはフロアライトを取り入れてみましょう。「視界１ｍの範囲」を照らすことで、空間の重心が下がってリラックスした雰囲気に生まれ変わりま

す。

ダイニングをペンダントライトに変えると、「暗い」と感じる方がいるかもしれません。でも、徐々に目は慣れていきます。逆に、今まで明るすぎてリラックスできなかったと気がつくでしょう。

とはいえ、ダイニングテーブルはご飯を食べるだけでなく、大人が仕事をしたり、子どもが勉強したりと作業をする場でもあります。もう少し明るくしたいという時は、ポータブルライトを置くなどすれば、明るさは後からでも調整可能です。

リビングには、高さのあるフロアライトをソファの脇に置いてみてください。一灯置くだけで、視線が集まる場所になり、印象的なコーナーに。視界に余計なものが入ることがなく、他の場所のごちゃつきも目立たなくなります。

フロアライトを置くスペースがない場合は、チェストの上などにテーブルライトを置いてもいいですね。インテリアのインパクトは小さくなるので、ポスターと組み合わせてボリュームを出すといいでしょう。

照明はデザイン優先で選ぶ

照明器具は、日中のインテリアのアクセントにもなります。特に、ダイニングのペンダントライトは、デザイン優先で選びましょう。目線の位置にデザイン性のあるものがあるだけで、空間の印象は変わります。

ペンダントライトのデザインは、左のページのように大きく分けて2つあります。線のデザインは主張が強くないので、デザイン性が高くても、サイズが大きくてもインテリアになじみやすいです。

一方、面のデザインは存在感があるので、インテリアになじませたいか、ポイントにしたいのかを考えて、色や大きさを選びます。

その他に、線と面の中間のデザインのものもあります。それは、シェードにガラスや紙など光を透過する素材が使われているもの。見かけは面のデザインのようですが、

シェードに隙間があり、光は全体的に広がります。面に比べると、明るさを感じやすいです。

シェードに隙間がなく、光は下部のみ、もしくは上下に広がります。やや暗めに感じます。

灯りをつけると周囲を明るく照らしてくれます。存在感はありつつ、抜け感があるのでどんなインテリアにもなじみやすいです。

明るさの目安ですが、ダイニングは１００Ｗ、少し暗めが好みなら60Ｗくらいです。最近は電力を表すＷ（ワット）単位ではなく、光束を表すlm（ルーメン）が一般的になりつつあります。lmだとＬＤＫなら１畳あたり、４００lmを目安にします。

私がおすすめすることの多い、照明を扱うネットショップは、「flame」と「ARTWORK STUDIO」です。比較的お手頃な価格で、おしゃれなものがそろっています。

ペンダントライトの大きさと個数

ダイニングテーブルの上に大きめのペンダントライトひとつか、小さめのものを複数つけるかによって、インテリアの印象も変わります。

大きめのものを1灯の場合、スッキリとダイナミックな印象になります。小さめのものを2灯以上つけると、リズムが生まれて軽やかな感じに。「ものを減らしすぎて殺風景」と悩んでいる方は、空間に動きがでるのでおすすめです。

照明の大きさは、ダイニングテーブルのサイズによっても変わります。シェードの直径サイズを、テーブルの幅の3分の1に収めるとバランスがよくなります。

例えば、テーブルの幅が1.5mなら、ペンダントのシェードの直径は50cmくらいです。市販のペンダントライトの直径は最大60cmを超えると種類が少なくなるので、テーブルの幅が1.8mより大きい場合は、ペンダントを2灯以上つけることを検討してもいいでしょう。

複数つける時は全く同じものでなくても、同じシリーズのもの、色と素材が同じもの、同じデザインで大小が違うものなど、変化をつけてもいいですね。

照明

IDEA

7

照明は本来の自分に戻れる「空間」と「時間」をつくる。身体と心を整えてくれるもの

私の記憶に残っている照明があります。それは、祖母が持っていた大きなスタンドランプ。光を透過する明るいサテン生地のシェードだったのですが、天井についていた青白いシーリングランプと比較すると、とても趣のある灯りでした。

小さな頃、暗くなる時間がとても怖い時期がありましたが、そのランプが点灯すると、不安な気持ちが、オレンジ色の温かさでどこかへ消えていくような感覚がありました。

結婚したての賃貸住まいの時からペンダントライトを購入し、愛用してきました。母親になりたてで、子どもに黄昏泣きがあった時期。子どもと2人きりで夜になる時間が憂鬱だったのですが、温かなペンダントライトのおかげで、その不安な気持ちも緩和されていました。

改めて思い起こすと、祖母のランプがきっかけで照明に興味を持ち、その良さを知ることができたのだと思います。

子どもが大きくなり仕事を忙しくする今は、照明のスイッチを入れる瞬間がオンとオフの切り替えのタイミングです。照明をつけた途端に温かな灯りが空間に広がり、フッと肩の力も抜けていくような気がします。

子ども達と過ごす夜の時間は大切にしたいので、どんなに忙しくても照明をつけるタイミングで、気持ちをオフするように意識しています。

また照明は、見た目的な美しさだけでなく、身体の睡眠リズムを整えてくれるものでもあります。

スマホやPC、コンビニやオフィスの明るく青白い光を夜遅くまで見ていると、身体を快適な眠りに導くホルモンの分泌が抑制されてしまいます。

人は昔から、自然のリズムに沿って生活をしてきました。太陽が沈んで夕方になり、暗くなったら炎を囲んで就寝する。永年かけてプログラミングされた人間の身体は、最近の急速な技術の変化に、実はついていけていないのです。

最近では、青白い光でもホルモンの分泌を抑制しないように開発が進んでいるようですが、オレンジ色の灯りと、青白い灯りを見た時の心理的な差はどうしても埋められないのではないかと思います。

夜の灯りは、自然の夕日や炎を思い起こすオレンジ色の灯りを。

昼間、高い位置にあった太陽が沈んでくるイメージで、視線よりも低い位置にペンダントやフロアランプを配灯していくと、自然と安心して心地よい眠りにつくことができます。

また、わが家は部分的に照らす照明が多く、全体的に明るく照らす照明がないので、慣れていない方にとっては、少し暗く感じるかもしれません。

けれど、明るいことで見えてしまう沢山の情報を部分的に絞っていくことで、昼間よりも脳が休息しやすい空間をつくることができます。1日を振り返り、明日に備える大切な夜の時間を、ほんのり温かい照明によって満ち足りた気持ちで過ごせたらいいですね。

3種の神器

IDEA 8

購入前の「インスタグラムシミュレーション」で、ぜったいに失敗しないアイテム選び

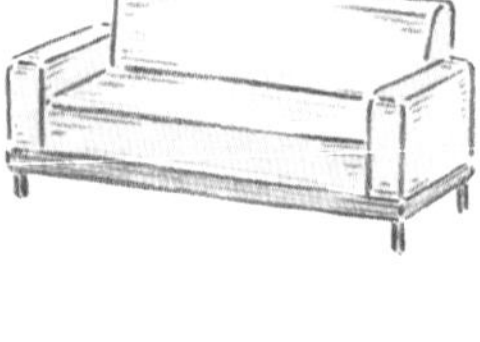

「インテリアアイテムを購入するとき、ぜったい失敗したくない！」とは誰もが思うこと。実際にお部屋に置いたときに、どんなふうに変わるのかがわかれば、購入するハードルも低くなる気がします。

そこでおすすめするのが、インスタグラムのストーリーズ機能を使って、お部屋の写真に、購入を検討しているアイテムの写真を合成してシミュレーションをする方法。色合いやテイストがお部屋の雰囲気に合っているかを、購入前にチェックすることができます。

ソファやダイニングテーブルなどの大きい家具だけでなく、グリーンやポスターを購入する時にも、この機能を使って検討できるので、ぜひ試してみて下さい。

具体的なやり方を説明します。

①スマホのカメラで、アイテムを置きたいお部屋・コーナーの写真を撮影します。

②グリーン、ポスター、照明など、置きたいアイテムの写真を撮るか、WEBで商品画像を保存します。背景はできるだけ切り抜いて、商品がメインになるよ

うに、写真編集でトリミングをします。

③インスタグラムのアプリを開いてプロフィール上の「＋」をタップし、ストーリーズを選択。さらに、写真アルバムの中からお部屋の写真を選択します。

④画面一番上の左から3番目のアイコン（顔のアイコン）をクリック。写真アルバムを選択し、切り抜いたアイテムの写真を選択します。

⑤お部屋の置きたい場所に合わせて、アイテムの写真を配置します。

⑥シミュレーションをした写真を保存しておきます。

この方法で何パターンもつくれるので、ぜひ、購入時の参考にしてください。

CHAPTER

2

少しの工夫で
今のお部屋が見違える！
インテリア・アイデア20

飾り方

IDEA
1

インテリア小物は、マットやプレートでステージをつくると、あか抜けたコーナーに変身する！

インテリアの楽しみのひとつは、キャビネットやカウンターなどの上をおしゃれに飾ることです。ここは、ちょうどインテリアの要である「視界１ｍの範囲」。お部屋の印象を決める大切な場所です。

でも、せっかくお気に入りの小物を並べているのに、「なんとなくごちゃごちゃしている」「チグハグでまとまりがない」と感じている方は多いと思います。

そんなお悩みを解決するのにおすすめなのが、マットやトレイ、プレートを敷いてステージをつくり、小物を飾ること。飾るものは同じでも、まったく違う印象になります。

また、テイストの違う小物だとしても、ステージがあることでグループ化されるので、ごちゃつきやチグハグ感が抑えられます。

さらに、ステージをつくるメリットがもうひとつ。それは、ディスプレイに欠かせない、ボリューム感を出せること。飾る小物が小さくてもまとまると、存在感を出すことができます。
特に「ものが少なくて殺風景」と悩む方にとっては、少ないアイテムでボリュームを出し、素敵に見せることができる、おすすめの方法です。

ステージとして使うのは、飾る場所のカウンターとは色も素材も違うトレイやマット。主役はインテリア小物なので、ステージだけが悪目立ちするような色はNGです。サイズは、置くアイテムの2倍以上の大きさのものが理想。余白があったほうが素敵に見えます。

また、鍵やメガネ、塗り薬など日常使いのアイテムも、素敵な小物と合わせて一緒にトレイに置くのもおすすめです。まとまって見えるうえに、生活感が抑えられますよ。

⇩

棚にものを飾るとき、「ごちゃごちゃしている」「まとまりがない」と感じることも。トレイを敷いてステージをつくるだけで、まとまって見えます。

飾り方

IDEA 2

ディスプレイのような収納棚は、「色」「素材」「形」のうち2つの要素をまとめると、完成する

お客様から「リビングのオープン収納がごちゃつく」「キッチンのオープン棚をきれいに見せられない」というお悩みをよくいただきます。そのために、扉つきの収納を選ぼうとしてしまう方も。

そんな方にお伝えしたいのが、これからご紹介する方法。これを知っておけば、お店のディスプレイのような収納棚が、簡単につくれます。

その方法とは、「色」「素材」「形」の3つのうち、2つの要素が似ているものをまとめて置くこと。

簡単に2つの要素がまとまるものとしては、同じシリーズの色違いです。

絵本は、同じぐらいのサイズのものを色別にしまうと、整って見えます。形と色が一緒のものですね。おもちゃも、同じようにまとめて並べるとスッキリします。

統一感がないコーナーがあれば、次に挙げる要素を参考に、二つの要素でまとまるかどうか考えてみてください。

▼色でまとめる…白系、赤系、グリーン系、黒系、茶系など
▼形でまとめる…直線系、曲線系、四角形系、丸形系など
▼素材でまとめる…木、ガラス、金属、陶器、プラスチック、紙など

アイテム数が多いときは、「色」「形」「素材」の中で、少し幅を持たせます。例えば、わが家のキッチンにあるオープン食器棚（左ページ参照）。表にでているものの色を白、ベージュ、透明と同系色でまとめ、素材は陶器、ガラスに絞りました。見えている食器の形はいろいろでも、比較的まとまって見えます。

中には、ブルーやイエロー、ピンクの食器もありますが、お部屋の雰囲気をそこなわないようにトーンを統一（P.177参照）。パステルカラーでまとめています。色つきの食器は1枚だとバラついて見えるので、いつも最低ペアで購入。2枚そろっていれば、色ものでもまとまってきれいに見えます。

パステルカラー以外のカラフルな食器は、引き出しの中にしまって、見えないようにしています。

飾り方

IDEA

3

ディスプレイは、「グルーピング」と「高低差」を意識すると見違える

インテリアのディスプレイのテクニックとして、「小物は3つそろえる」「三角形を意識して飾る」というものがあります。

けれど、その通りにしようと思うと、飾るものを買い足すところからスタートすることになり、時間もお金もかかってしまいます。


もっと簡単に、今あるお手持ちのものをバランスよく飾る方法があります。

それが、「グルーピング」と「高低差」をつくること。

ここでの「グルーピング」とは、インテリア小物や花器、ポストカード、グリーン、ポスターなど、お気に入りのアイテムを2個以上まとめるということです。「グルーピング」をすることで1個ずつ配置するよりもボリュームが出て、メリハリのあるディスプレイになります（P.103参照）。

小さいものをまとめるときは、アイデア1でご紹介したようにマットやトレイでステージをつくると、さらに素敵に見せることができます。

また、グループ同士の間隔は、少し空けるといいでしょう。小さいグループなら間隔は狭く、大きいグループなら間隔を広めにすると、バランスがいいですね。

そして、配置の際に最も気をつけたいのは「高低差」です。隣同士のグループと、背の高さに違いが出るように配置していきましょう。

同じ高さのものでそろえてしまうと、メリハリがなく単調に見えてしまいます。高低差をつけることで立体感や動きが生まれ、インテリアとしての〝魅力的なコーナー〟ができるのです。

背の高いアイテムがない場合は、カードやポスターをフレームに入れたり、好きな本やグリーンなどを活用してみましょう。

これなら簡単ですよね。「グルーピング」と「高低差」に気をつけるだけで、お気に入りのコーナーは完成します。

小さいアイテムを単独で飾っているため、ボリュームが足りません。高さも均一で動きがなく、配置も等間隔で単調に感じてしまいます。

⇩

グルーピングでボリュームを出し、アイテムを変えて高低差をつけました。配置間隔にも変化をつけています。動きが出て、あか抜けないディスプレイが、素敵に変わりました。

飾り方

IDEA

4

お花やグリーンをセンスよく飾れる黄金比率がある！

手軽に取り入れられるインテリア小物のひとつは、お花です。お花があるだけで空間が華やいで、気持ちも前向きになります。

ところが、いざ飾ろうという時に、どうやって飾ったらいいのかわからない方も多いようです。そこで、誰でも簡単に、素敵に飾れる3つのポイントをご紹介します。

どれかひとつでもいいので、試してみてくださいね。

お花と花器の高さは1対1

花器の高さを1とすると、飾るお花の高さも1にするのが黄金比率です。お花やグリーンなどを組み合わせる場合も、同様の比率を意識して飾ります（P.109参照）。慣れてきたら、少しアレンジを。お花の部分を高くするとスタイリッシュに、お花を低くするとかわいらしい印象になります。

メインのお花とサブのボリュームは1対2

大きいお花をメインと考え、それを中心に飾ります。周囲に飾るサブは、小さめのお花やグリーンに。メインとサブの分量は1対2にすると、飾ったときにまとまりが出ます（P.１０８参照）。

それでも、なんだかうまく飾れないと感じたら、メインのお花を他のお花よりも低い位置に飾れているか、チェックしてみてください。重心が低いほうが、バランスよく、まとまって見えます。

▼お花の向きをそろえる

お花屋さんの花束は、どこから見ても美しいですよね。でも、家で飾る時は、正面から見てきれいであれば十分。３６０度きれいにバランスをとるのは難しいので、お花をいろいろな方向に向けず、いさぎよく一方向にそろえると、まとまります。

２〜３本の少ない本数のお花を飾る場合も同様で、向きをそろえ、重ならないように茎の長さに高低差をつけると、素敵に見えます（P.１０８参照）。

また、たくさんのお花を一度に飾るのが難しく感じるときは、無理をせずに種類ごとに分けて飾るのも手です。花器がたくさんなくても、家にあるグラスやビンを活用すればいろいろな場所に飾れます。小さなお花でも十分、空間が華やかになります。

初心者さんにおすすめの花器

花器を選ぶときの目安は、形は上部にくびれがあって口が広いもの。
素材はガラスが使いやすいです。

バランスよく飾れる花器は？

お花をきれいに見せてくれて飾りやすい花器の形は、くびれがあり、口の部分が広いものです。お花をスタイルよく見せてくれ、少ない本数でもバランスよく飾ることができます。口の部分の直径は8㎝くらいあると、作業もしやすいです。

素材は、どんなインテリアにも合わせやすい透明なガラスがいいでしょう。茎の部分まで見えることによって、自然とお花のスタイルがよく見え、全体の印象も良くなります。

上：メインのお花とサブの小さめのお花やグリーンの分量は、１対２を目安に。お花の向きをそろえ、メインのお花を低い位置に飾りました。

右：お花の数が少ない時は、茎の長さに高低差をつけたこんな飾り方も。色ものの花器を使うときは、花器に負けないぐらいの、華やかな色のお花を飾るのがおすすめ。花器とお花の、色の組み合わせも楽しめます。

左：お花と花器の高さは、１対１が目安。だいたいで大丈夫ですが、少し意識するだけで、バランスよく飾れます。

飾り方

IDEA 5

家族のスナップ写真は、濃い色のフレームに入れて洗練させる

「家族やペットの写真を飾りたいけれど、素敵に飾れない」というお声は多いですね。海外のインテリアを見ると、家族写真をたくさん飾っているのをよく見かけますが、実際に真似しようとすると、なぜかあか抜けない。そんな経験をした方は少なくないのではないでしょうか。

スナップ写真をたくさん飾ると、どうしてもそのコーナーだけカラフルになって浮いてしまいます。また、フレームに入れずに写真だけ飾ると、雑多に見えてしまいます。

せっかくの大切な思い出写真。インテリアとしても、素敵に見せられたらいいですよね。そのための簡単な方法をお伝えします。

それは、フレームに入れること。

フレームの色は白ではなく、黒やグレー、茶色などの濃い色を選ぶと、カラー写真の色味が抑えられて落ち着いた印象に。

素材は、木製、アルミや真鍮などの金属製といった、フレームそのものに高級感があるものや、素材のよさが感じられるものがおすすめです。

逆に、プラスチック製はチープに見えるのでおすすめしません。

フレームに気をつけるだけで、スナップ写真が見違えるように洗練されて、写真の質まで違って見えるから不思議です。

また、壁に飾る時は、複数枚飾るとおしゃれな印象に。その場合は、フレームのデザインは違っても、色や素材をそろえるとまとまりが出ます。さらにおしゃれに見せたい時は、大人っぽいポスターやアートと一緒に飾るのがおすすめです。

キャビネットなどの上に飾るときは、素敵なインテリア小物達と一緒に飾ると、洗練度がよりアップ。たくさん飾りたくなってしまうかもしれませんが、飾りすぎはNGです。写真を1～2枚に絞って、季節ごとに写真を入れ替えるのはどうでしょう。その時間が思い出を振り返る、大切な時間になるかもしれません。

壁に家族写真を飾るとき、濃いめのフレームに入れます。P.67でもご紹介しましたが、4枚上飾る時は、縦、横のラインをどこか2カ所そろえます。

キャビネットの上に飾る時は、壁よりも枚数を少なめに。ポスターやグリーン、照明などと一緒に飾ると、おしゃれに見えます。

飾り方

IDEA 6

「日本語」や「色数」、余計なノイズを減らすだけでインテリアはあか抜ける

空間をごちゃついた印象にさせている原因は、ものだけではありません。本や雑誌にある日本語、生活用品のラベル、日用品に使われているパッケージの派手なピンク色や緑色……など、生活空間にあふれている「色」や「日本語」も、ごちゃついた印象にさせている原因です。

例えば、次に挙げる場所にこんなアイテムがないでしょうか。

- **リビング・ダイニング**…ティッシュボックス、薬、雑誌・本
- **キッチン**…食材、調味料、食器用洗剤
- **洗面所**…歯磨き粉、ハンドソープ、化粧品
- **浴室**…シャンプー、リンス、ボディソープ

なんだかごちゃつくなと感じたら、これらのアイテムの文字部分が見えないように、置き方を変える、ラベルをはがす、落ち着いた色の容器に入れ替えるなど、「日本語」や「色」が見えないようにしてみてください。たったそれだけで、空間がスッキ

リして見えるはずです。

また、文字情報は視覚で認識されると、無意識のうちに脳で処理しようと、エネルギーを使ってしまいます。くつろぎ空間に余計な情報がないことは、脳の疲労を軽減するためにも大切なのです。


また、キッチンの調理器具はシルバーか白で統一するといったように、出しっぱなしにしておく日用品は、なるべく色を抑えたシンプルなものを選ぶといいでしょう。

例えばわが家の場合、カラフルな歯ブラシではなく、竹の歯ブラシを愛用していました。白い洗面台まわりにカラフルな歯ブラシだと生活感が出て雑多に見えていましたが、竹の歯ブラシにしたことで、見た目がスッキリしました。

また、ハタキは羊毛と天然木が使われているものを選んで、リビングに出しっぱなし。よく使いたいアイテムこそ、インテリアにとけこむ、主張が少ないものを選ぶといいですね。

雑誌や本のカバーがノイズになることもある

意外に気がつきにくいのが、雑誌や本のカバーです。おしゃれな表紙であればインテリア小物としても役立ちますが、日本語がたくさん使われていたり、派手な色だったりすると、ノイズとなります。

雑誌は本棚に収納したり、本はカバーを外してみると、そのコーナーがスッキリ見えます。

カバーといえば、自分でつくれるサービス「FUMIKURA」もおすすめです。シンプルで、デザイン性の高いものを、家庭用プリンターで印刷できるサービスです（サイズは文庫本のカバーのみ）。

使う紙は白もいいですが、どんなインテリアにもなじみやすいグレーの紙を使うのもおすすめです。

飾り方

IDEA 7

子どもの作品は、アートに変身させてインテリアとして楽しむ

子どもの作品は純粋な気持ちが表現された、まさにアート作品です。インテリアとして飾って楽しめる、ちょっとしたテクニックをご紹介します。

子どもの描いた絵はフレームに入れる

縁が細い、もしくは黒やシルバーなど、大人っぽい雰囲気を持つフレームに入れると、カジュアル感が抜けてまるで現代アートのように。ちょうどいいフレームがない時は、黒やグレーのマスキングテープで縁をつくるだけでも、引き締まって見えます。

さらに、周囲に大人っぽいポスターやグリーンを飾ると、素敵なコーナーができます。

立体の作品は、濃い色の舞台をつくって飾る

立体作品はトレイやマットにのせるだけで、アートに変身します。色は白やナチュラルなものではなく、黒、グレー、ネイビーなど、大人っぽいものがいいでしょう。

以前、子どもの作品の飾り方に困っていたお客様に、黒いトレー（ZARA HOMEで購入）の上に子どもの作品をのせることを提案したら、大好評でした。

子どもが描いた絵は、縁が細いフレームに入れて飾ると、アートに変身。床置きしたら、お家がギャラリーのように。

濃い色のマットの上に置くと、子どもの作品も大人っぽく。ポスターやグリーン、照明などと一緒に飾ると、アートのように見えて、リビングにも堂々と飾れます。

ガラスのアイテムは、主張しすぎないけれどおしゃれ感があります。天井から吊るすモビールは、どこに飾っても、その場所になじんでくれます。

小さな花器でも存在感があります。ベージュやネイビーなど、色つきのガラスはより大人っぽい雰囲気に。

飾り方

IDEA 8

「何かひとつ欲しい」時は、どんなインテリアにもなじむガラスのアイテム

「ここに何か飾りたい」と思うけれど、「これがいい」と決めきれないことがありますよね。そんなときは、ガラスのアイテムがおすすめです。

透明で抜け感があるので、重たい印象になりません。主張しすぎず、それでいて存在感を出すことができるアイテムです。

また、色がないので、どんなインテリアにも合わせやすい素材。

光を反射し、時間帯によって表情が変わることも魅力のひとつ。その変化の様子は見ているだけで飽きず、他の素材にはない良さだと感じています。

わが家には、花器、照明のシェード、キャンドルホルダー、天井から吊るすモビール、お茶を飲むポットなど、ガラスのアイテムがたくさんあります（P.121参照）。

シンプルで飽きがこないので、永く使っているアイテムばかりです。

空間づくり

IDEA 9

「視線が止まる場所」をつくると、〝部屋の顔〟ができてこなれたインテリアになる

おしゃれなお部屋づくりの大切なポイントのひとつは、「視線が止まる場所」をつくることです。インテリアの専門用語では、「フォーカルポイント」と呼んでいます。「視線が止まる場所」とは、空間に入った時に初めに目がいく場所。そこにお部屋の顔となるインテリアを飾ることで、全体の印象がグッと引き立ちます。おしゃれな空間として認識されるためにも、心地よく過ごすためにも欠かせないポイントです。ここを押さえておけば、他の場所で多少手を抜いたとしても、あか抜けた印象になります。

では、「視線が止まる場所」とは、具体的にどこでしょうか。

わが家のLDKを例に挙げて、4つの「視線が止まる場所」をご紹介します。

▼Ⓐ

LDKの入り口に立った時、目に入る場所は、真正面か窓方向です。そこをおしゃれに飾ると、お部屋の印象がかなり変わるはずです。

わが家の場合は、リビングの窓際コーナーがそれに当たります。高さがあるフロアライトと大きめのポスターを飾って印象づけています（P.32参照）。

この時パッと目に入ることが大切なので、目立たない小さなアイテムでは役割不足。チャプター1でご紹介した3種の神器など、大きさや高さがあるものを選びましょう。

▼Ⓑ

ソファに座った時に目に入る、テレビ台まわりは視線の集まりやすい場所。わが家はテレビがないので、通常のお宅がテレビを置く場所にポスターや小物を飾っています（P.56参照）。テレビがある場合は、テレビ台の横にポスターやグリーンを床置きし、「視線が止まる場所」をつくるといいですね。

▼ⒸⒹ

ダイニングテーブルに座った時に、視界に入りやすいのは、キッチンのコンロ前の壁（Ⓒ・P.129参照）や、キッチンのコーナーの壁（Ⓓ・P.109参照）です。

ここには、ポスターやスワッグを飾っています。ミラーもお部屋が広く見えますね。

壁のアイテムのおかげで視線が止まると、その周辺にも注目が集まるので、お花や小物など、素敵に見えるアイテムをピックアップして一緒に飾っています。

LDKの視線が止まる場所（わが家の場合）

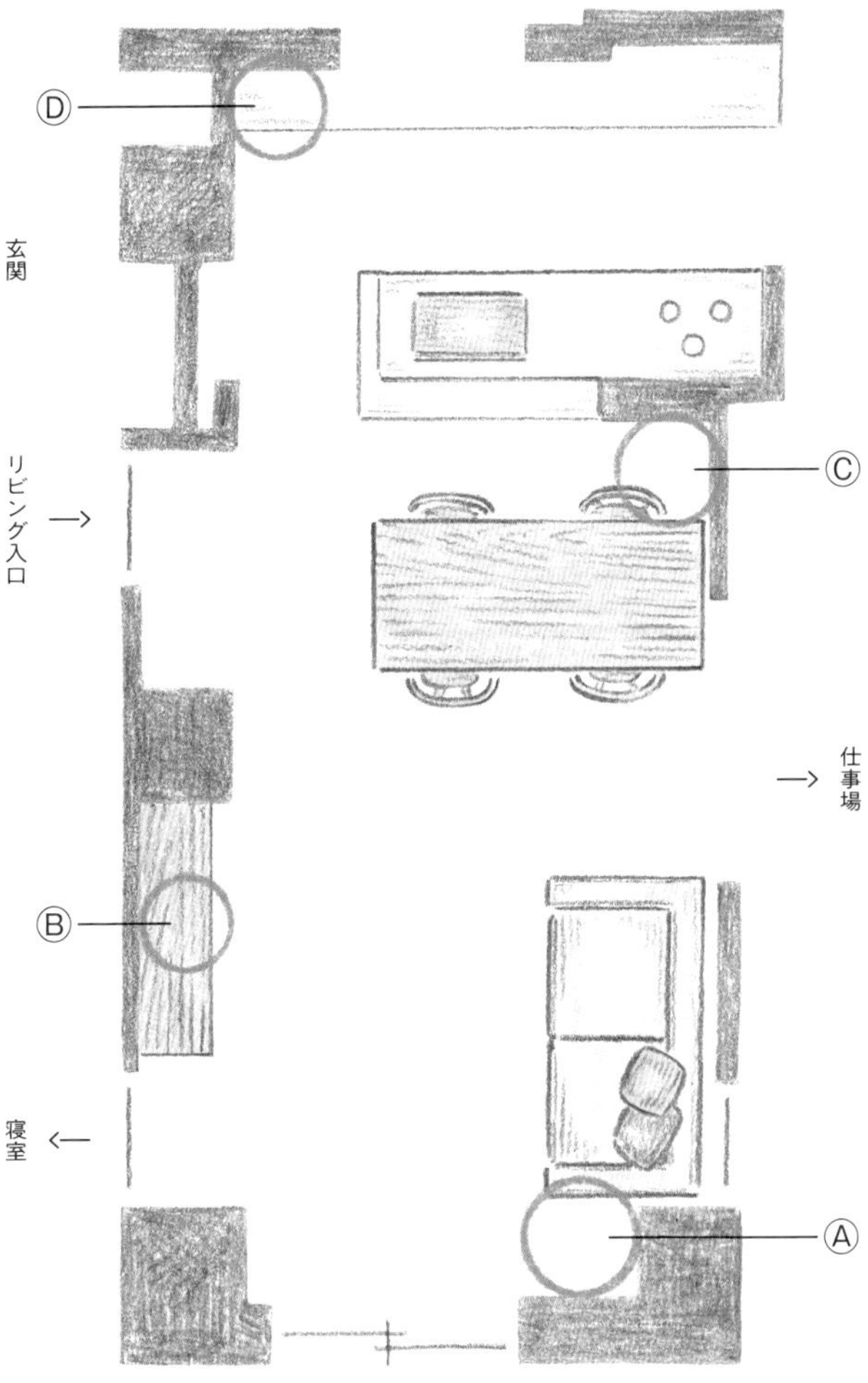

玄関に入った時に、目に入る「視線が止まる場所」。コンソールを置いて飾っていますが、スペースに余裕がない場合は、ポスターやグリーンを床置きしてもいいですね。

ダイニングテーブルに座った時、視界に入りやすい場所にポスターを飾っています。お花と組み合わせると、より華やかな「視線が止まる場所」に。

ＬＤＫ以外の場所に「視線が止まる場所」をつくるとしたら、おすすめは玄関です。わが家の玄関正面にはコンソールを置いて、お花やポスターを飾っています（P.128参照）。「ただいま！」と、わが家に帰ってきたことを感じたり、「いらっしゃい」と、あたたかくお出迎えする場所をつくりたいと思ってのことですが、こんなふうに特別に飾るスペースがない場合も、ポスターを床置きしたり、壁にかけたりすれば、「視線が止まる場所」をつくることができますね。

わが家の例を参考に、よくいる場所から「自然と目に入る場所」はどこかを考えてみましょう。空間に見せ場ができることでメリハリがついて、ワンランクアップした雰囲気を感じられるはずです。

「ごちゃごちゃしている」「殺風景」の両方のお悩みを解決

「視線が止まる場所」をつくると、「ごちゃごちゃしている」と「ものを減らしすぎて殺風景」というまったく正反対のお悩みの、両方を解決することができます。
「ごちゃごちゃしている」と感じている方は、好きなものをあちこちに飾っている場合が多く、ひとつひとつは素敵なものでもメリハリがないため、あか抜けない印象です。

ひとつの場所に集中して飾り、「視線が止まる場所」をつくると、見違えます。空間に強弱がつき、お部屋の印象も格段にアップするのです。

「ものを減らしすぎて殺風景」というお悩みをお持ちの方は、どこに何を飾ったらいいのかわからないというケースが多いのですが、「視線が止まる場所」に3種の神器を飾るだけで、ものが少なくても、おしゃれな印象のお部屋に変わります。

空間づくり

IDEA 10

いちいち片づけなくても、「死角」に隠せばスッキリしたお部屋はすぐつくれる

わが家は小学生の男の子が2人います。インスタやブログを読んでくれた方々から、「小学生の男の子がいる家には見えない。いつもきれいですね」とほめていただくことがあります。でも、実はごちゃごちゃしている場所はありますし、それでいいと思っています。

そのごちゃごちゃを隠している場所が、「死角」です。

死角とは、「よくいる場所から、回り込まないと見えない場所、壁や家具によって隠れる場所」のこと。ソファと壁の間やダイニングテーブルの下、引き戸の裏などを指します。

アイデア9でお伝えした「視線が止まる場所」とは、真逆の位置にあるのが死角です。

おもちゃや勉強道具、書類、文房具、脱いだ服なども散らかりがちなアイテム。そういった生活感があるものを死角に隠すだけで、お部屋の印象はかなり変わるはずです。

わが家のダイニングの場合。子どもがテーブルで勉強をするので、ノートや教材をサッとしまえる「ポイ置き場」をつくっています。

「ポイ置き場」に使っているのは、IKEAのサイドテーブルです。食事の時や来客時にはそこにポイポイと置いていきます。そして、そのままダイニングテーブルの下に入れるだけですぐに片づきます。

「ない」と思っているお宅でも、必ず死角はあります。

「どの場所が目立たないのか？」という視点で、家の中を見渡してみて下さい。

家じゅうをすべてきれいにしなくちゃ、と考えるとハードルが上がりますが、多少ごちゃごちゃしていてもいい。そう割り切れる場所があると、気持ちも軽くなりませんか。

上：ダイニングテーブルで勉強する子どもたちのノートや教材をサッと置ける「ポイ置き場」。IKEAのサイドテーブルを利用し、食事や来客時にダイニングテーブルの下に隠しています。

左：寝室のベッドと壁の隙間を利用した死角。棚とカゴを置いて、子どもたちの漫画はここに置いています。回り込まないと見えないので、ごちゃごちゃしていても大丈夫です。

空間づくり

IDEA

11

ソファにお金をかけすぎないことが、インテリア成功の秘訣

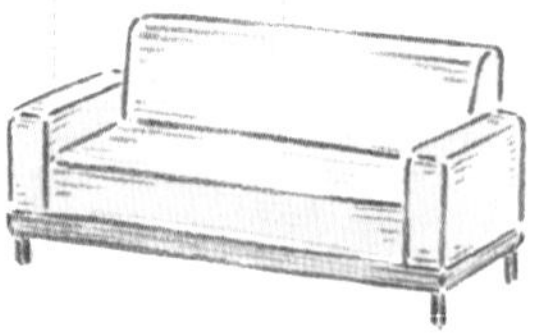

おしゃれなインテリアに素敵な家具は欠かせませんが、「いいな」と思うものは大抵値段が高いですよね。何にお金をかけるかはそれぞれの価値観と好みによりますが、予算にメリハリをつけることが大切です。

私がお金をかけなくてもいいと考えているものは、ソファです。「リビングを素敵に変えるならソファ。だからお金をかけなくちゃ」と、思っている方が多いと思いますが、私がそう考える理由は2つあります。

ひとつ目は、私が提案する、インテリアの要「視界1mの範囲」から外れていること。インテリアへの影響は意外に少ないのです。

チャプター1でもお伝えしましたが、ソファよりもグリーン、ポスター、照明にお金をかけたほうが、インテリアは確実に変わります。ソファにお金をかけすぎて、「視界1mの範囲」に飾るものを購入できなくなってしまったら、お部屋を素敵に見せるのは難しくなります。

そして2つ目は、残念ながらコスパが悪い家具だからです。毎日座ったり寝っ転がったりするものなので、家具の中では一番の消耗品。

特に、多くの方が選ぶファブリックの張地のソファは、明るい色の場合は汚れが目立ちやすく、濃い色の場合は2年くらい経つと白っぽくなり、劣化が目立ちます。ものにもよりますが、10年ぐらいでカバー交換などのメンテナンスが必要です。

「どのくらいの金額のソファがいいですか」とお客様から質問されることがあります。具体的な金額は提示しにくいのですが、要は予算のほとんどをソファに注ぎ込まないで欲しいのです。

わが家のソファは、幅180cm（2・5人がけ）で価格は16万円くらい。

小さい子どもが2人いるので傷みやすいことを考え、10年ぐらいでの買い替えを視野に入れて決めました。「songdream」というお店で購入しています。

背もたれと脚がインテリアの印象を決める

おしゃれに見えるポイントは、背もたれと脚です。背もたれは、低いほうがおしゃれに見えます。首が安定するから高いものがいい、と思う方も多いのですが、スマートに見えるのは背もたれが低いほう。また、空間を広く見せる効果もあります。

脚があるかないかは好みですが、落ち着いたお部屋にしたいときは脚なしを、カジュアルなお部屋にしたいときは脚ありのソファをおすすめします。

脚がある場合は、細めのものがいいですね。太いものは、やぼったく見えてしまいます。素材は、木製はカジュアルでやさしい雰囲気。スチール製はスタイリッシュで大人っぽい印象になります。

サイズの目安は１人あたり幅60～65㎝なので、２人がけなら幅１２０㎝以上、３人がけなら１８０㎝以上を選びます。アームがついている場合、アームの幅を除いた座面だけのサイズで考えます。

空間づくり

IDEA

12

おしゃれラグに飛びつくのはNG。失敗しないラグの選び方

ここ数年でラグの色柄が増え「取り入れるだけでおしゃれになる」と、考える方も多いのですが、それは誤解。何も考えずに購入すると、失敗します。

そもそも、なぜラグを敷くのでしょうか。ピクニックのシーンで説明するとわかりやすいのですが、広い芝生の上にシートを敷くと、おのずと人が集まりますよね。

それと同じように、リビングにラグを敷くと居場所ができて、自然と家族が集まりやすくなるのです。

ラグ本来の役割は、居場所をつくること。インテリアになじむラグの選び方で、失敗がないのは次の2つです。

床の色と同系色を選ぶ

ＬＤＫの統一感を大切にしたい方向きです。ラグの色は目立ちませんが、床とは違う素材感が新鮮に感じられて、さりげなくおしゃれな感じも演出できます（P.144参照）。

ソファと同系色のものを選ぶ

ＬＤＫの中で、リビング部分のソファエリアをはっきりと区分けしたい方向きです。床とソファの色の違いに差があればあるほど、ダイニング、リビングの役割分担が明確になり、同じ空間の中で変化をつけることができます（P.１４４参照）。

また、ソファ、床、ラグを全て同系色にすると、メリハリがなくぼんやりとした印象になりがち。インテリア初心者さんにはハードルが高い組み合わせとなります。

お部屋のポイントとなる、おしゃれラグを取り入れたい場合は、ラグと同じ色のクッション、ポスターなどのアイテムを取り入れて、統一感を持たせる工夫が必要です。また、今敷いているラグに、アクセントにしたいラグを組み合わせることもできます（P.１４５参照）。この場合、それぞれのラグに1色でも共通する色があると、組み合わせに間違いがありません。

2枚を組み合わせることで動きが出て、１枚敷きの時よりも、こなれた感じのおしゃれなソファスペースになります。

ラグのサイズですが、ソファに対してどこまで敷くかによって大きさが変わってきます。高級感があり、落ち着いた雰囲気がお好みの方は、ソファの下まで重ねて敷きますが、その場合は大きめのラグが必要になります。

ソファと離して敷くとカジュアルで動きのある印象になり、ソファ下まで敷く場合と比較すると、小さいサイズでバランスがとれます。

既製品はサイズに限りがあるので、オーダーをおすすめすることも多いのですが、まずは気軽に試したいなら、ソファと離して敷くことを前提にラグを選ぶといいでしょう。小さめサイズなら既製品でもバリエーションが豊富。価格も抑えられます。ラグの幅は、1枚敷きの場合、ソファの幅に対して左右各10㎝ほど大きいとバランスがいいですね。

床の色と同系色のラグを選んだ場合は目立ちすぎないので、LDK全体がまとまります。

ソファと同系色のラグを選んだ場合は、ソファエリアが引き立ち、LDKのインテリアに変化がつきます。

インテリアのポイントにしたいラグと今敷いているラグを組み合わせました。どちらのラグにも、黒が入っているので、まとまりが出ます。

空間づくり

IDEA 13

ソファコーナーは、センターテーブルよりサイドテーブルが断然おしゃれ！

サイドテーブルとは、ソファ横に置く小さなテーブルのこと。座っている状態で、コーヒーカップや読みかけの本などを置くことができます。

子どもがお絵かきをする、おやつを食べるなど、少し大きめのセンターテーブルが必要な場合以外は、おしゃれなデザインのものが数多く出回っているサイドテーブルがおすすめです。

一点投入するだけで、おしゃれ度はぐんとアップ。ソファを買い替えることなく、リビングをセンスよく見せてくれます。

また、センターテーブルは意外と場所を取ります。その点、サイドテーブルはソファ横に置けるので、ソファ前のスペースを広くとることができるメリットもあります。

サイドテーブルを選ぶときのポイントは、床やラグとは、正反対の印象のものにすること。

例えば、明るくナチュラルな雰囲気の床やラグの場合は、反対の印象のスタイリッシュな金属やコンクリート調、石目調のものがおすすめ。床やラグと同じテイストのサイドテーブルを選ぶとメリハリがつかず、単調になってしまいます。
逆に、ダークトーンの落ち着いた雰囲気の床やラグの場合は、ナチュラルな木製のサイドテーブルがいいですね。空間にやわらかさが加わり、テイストがミックスされることで、リビングもあか抜けた印象になります。

個性的なデザインのサイドテーブルを取り入れるのは、最初は勇気のいることです。手軽な価格のものならハードルは下がりますが、サイドテーブルは照明同様、ずっと使えるものです。

せっかく取り入れるなら価格にとらわれず、ここは、本当に気に入ったものを購入することをおすすめします。
デザインは、左ページのイラストのようなものを参考にしてみてください。サイドテーブルは他の家具では表現できないようなデザインにすることが、センスアップのポイントです。

インテリアをおしゃれにするサイドテーブル

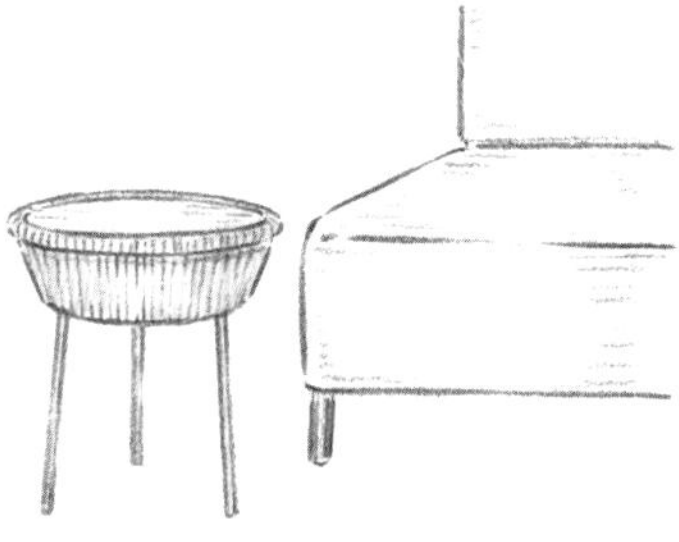

ソファの横に置くだけでセンスアップ

イラストのように、個性的でおしゃれなデザインものを一点投入しましょう。インテリアがあか抜けます！

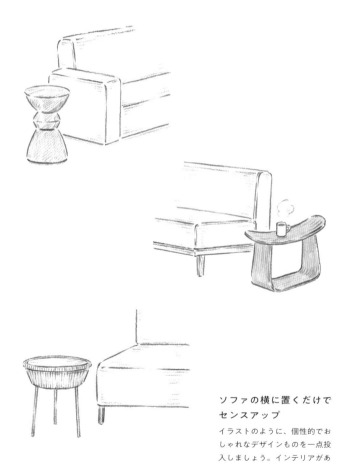

空間づくり

IDEA 14

カーテンは2枚つけなくていい。お部屋全体がセンスアップする窓まわりの新常識

なんだかあか抜けない。そう感じてしまう原因は、もしかしたら厚手のカーテンかもしれません。生地が重たく、野暮ったく見えてしまいがちなのです。

遮光したい、人目が気になるなど、機能面でどうしても必要な場合以外は、レースのカーテン1枚にすることをおすすめします。

わが家の仕事部屋は、レースのカーテン1枚です。しかも、ベッドやソファなどにも使えるマルチカバーにクリップをつけたもの。化繊なのに、麻っぽい自然素材のような風合いが気に入っています（P.154参照）。

また、カーテンの長さやひだの数も、窓まわりがあか抜けない原因です。従来、長さは、床から1cm上とされてきました。今は海外インテリアの影響もあり、丈を長めにする方も増えていますが、私は床上とぴったりのサイズをおすすめしています。ホコリもそれほど気にならず、従来ルールとはたった1cmの差ですが、それだけであか抜けて見えます。

そして、ひだは定番の2つ山よりも、ひだなしのフラットタイプのほうが窓まわりがスッキリ見えます。逆に、窓まわりにボリュームが必要となるクラシカルなインテリアが好きな方は、ひだがたっぷり入る3つ山がおすすめです。

ブラインドやシェード、ロールスクリーンにしても

レースのカーテンだけでは人目が気になる方は、シェード、ロールスクリーン、ブラインドにするのも手です。わが家は、リビングにブラインド、寝室にシェードを使っています（P.155参照）。

ブラインドは、スッキリとした見た目とおしゃれなデザインが人気で、取り入れる方が増えてきました。出入りの多いはき出し窓は、横型よりも、縦型のバーチカルブラインドのほうが開け閉めが楽です。

シェードは、カーテン生地を使用することができるので、カーテンのふんわり感は残りつつ、ひだがないので見た目はスッキリします。

ロールスクリーンは、シンプルな見た目でインテリアから浮きません。素材や色が

豊富なので、インテリアの方向性に合わせて選ぶことができます。

お客様からブラインドに関するご質問を多くいただきます。横型のタイプをお使いの方から、「光を取り込むために羽を平行にすると、人目が気になります」というものがありました。解決策としてレースのカーテンをプラスすることをおすすめしたのですが、ブラインドのシャープなラインに、やわらかな生地感が加わることで、見た目も少しやさしい印象に。

レースのカーテンは、シェードやロールスクリーンとの組み合わせも可能です。いろんな選択肢を、ぜひ検討してみてください。

ちなみに、カーテンから他のタイプに変更する場合は、工事が必要です。DIYも可能ですが、慣れていない方はプロに頼んだほうが、仕上がりは安心ですね。

窓は、インテリアを変えるのに効果的な「視界1mの範囲」に入ることが多いので、お部屋のイメージがガラリと変わります。多少の手間とお金がかかっても、本当に気に入ったものなら取り入れる価値がありますよ。

わが家の仕事場のカーテンは、
ベッドやソファにも使えるマル
チカバー。素材感やラフなたる
み具合がお気に入りです。

寝室のシェードは、下ろすとフラットでスッキリですが、やわらかな生地のおかげで、やさしい雰囲気も。

リビングはブラインド。ナチュラルな中にシャープなラインが加わると、甘さがマイナスされて洗練された印象に。

空間づくり

IDEA 15

ダイニングテーブルは床よりも影響力が大。素材によってお部屋が変わる

ダイニングテーブルは「視界１mの範囲」にあるので、お部屋の印象を大きく変えます。少し視線が下がる位置にあるので、チャプター１でご紹介した「３種の神器」ほどの影響力はないのですが、理想のインテリアを叶えてくれる家具のひとつです。よく聞くお悩み「LDKの床が好みではない」という場合も、ダイニングテーブルを変えることで、十分、挽回できます。面積の広い床のほうが、影響力があるように思われがちですが、テーブルのほうが目線に近く、印象に残りやすいのです。

印象を左右する力のあるテーブルだからこそ、理想のインテリアにぴったりのものを選びたいですね。

テーブルは、素材によって色も形もさまざま。まずは素材別の特徴を知っておくことが大切です。

サイズやデザインのバリエーションが豊富な、木材、リノリウム、セラミックの３つをご紹介します。

木材は、ナチュラルで温かみのある雰囲気。床や建具も木目色のことが多いので、LDKの統一感を大切にしたい方に向いています。床か建具の色、どちらかの色に合わせると、間違いがありません。

空間がナチュラルであか抜けないと感じるときは、グレーや黒などに塗装されたものにしてもいいですね。

リノリウムはアマニ油、石灰岩、松脂、木の粉など天然素材を使った建材で、北欧家具によく使われています。木目が目立たないので、ナチュラル感はありつつ、よりスッキリ・シンプルな雰囲気にしたい方に向いています。おしゃれな色のバリエーションも豊富なので、ダイニングに色を取り入れたい方にもおすすめです。

材料のアマニ油によって、抗菌性や抗ウィルス性も期待できます。

セラミックはここ数年、人気が出ている素材。高温で焼き上げた陶磁器で、石目調の見た目は高級感があり、スタイリッシュな雰囲気になります。モダンなインテリアにしたい方に向いています。

傷や汚れ、熱に強く、お手入れがしやすいのも特徴。キッチンの素材にも使われるので、テーブルとおそろいにして統一感を持たせることもできます。

サイズは、食事以外の用途を考えて広めに

サイズ選びですが、ダイニングの広さや家族の人数を考慮して決めます。

例えば、４人家族の場合、スペースに余裕があれば幅１５０〜１８０㎝のものをおすすめします。テーブルの幅はひとり最低60㎝ほど必要です。４人家族なら１２０㎝あればよいことになりますが、食事以外の用途で使われることも多いため、できる限り幅が広いほうが重宝します。

奥行きの一般的なサイズは80、85、90㎝ですが、お皿を並べて窮屈な感じがしないのは、85、90㎝。スペースに余裕があるなら、ゆとりのある90㎝がおすすめです。

ダイニングチェアを先に決めている場合、P.１６４でご紹介する差尺と、チェアが収まるテーブル幅（脚の位置にも注意）の２点に注意して選ぶようにしましょう。

空間づくり

IDEA 16

ダイニングチェアは存在感を出すか、軽やかに見せるかで決める

ダイニングチェアは、毎日、身体を預けて座るものです。デザインと座り心地の両方にこだわりたいですね。

まずは、どんなデザインのものを選んだらいいのか、タイプを2つに分けてそれぞれの特徴をご紹介します。

▼背もたれに隙間のない面のデザイン（P.163参照）

高級感のあるホテルのラウンジやバー、レストランなど、ハイクラスなインテリアで採用されることの多いタイプです。背もたれの面積が大きいほど存在感があります。色も際立つので、チェアにテーマカラーを取り入れると印象に残りやすく、まとまりもある空間に。

フォーマルな雰囲気になりがちなデザインですが、カジュアルダウンさせたい時は、背もたれが低いものや、直線ではなく丸みのあるタイプを選ぶといいでしょう。

背もたれに隙間のある線のデザイン（P.163参照）

面のデザインより抜けがあり、背もたれの主張が強くならないので軽やかな印象になります。

素材、デザインの幅が広く、テーブルと異素材で組みわせるのもおすすめ。例えば、テーブルは木でチェアはワイヤー、テーブルはセラミックでチェアは木など、線タイプの抜けに加え、素材のミックス感がプラスされてこなれた印象に。

面のデザインよりはカジュアルな印象ですが、背もたれに高さがあるタイプを選ぶと、品のよさがプラスされます。

チェアは全て同じデザインでそろえると間違いなくまとまりが出ますが、かっちりしすぎないほうが好き、もっと変化を楽しみたい方は、違うデザインにしても。例えば、チェア4脚の場合、面と線のチェアのどちらかで全体を統一させ、2脚ずつ、異なる色やデザインのものを選ぶようにするとバランスがとれます。

手持ちのチェアに変化を出したい場合は、座面にチェアパッドを敷くのも手です。

ダイニングチェアのデザイン

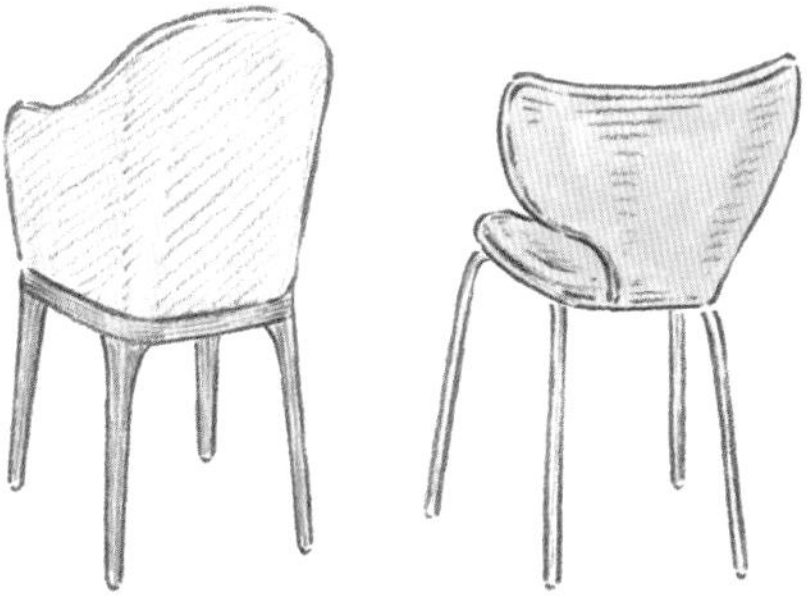

面のデザイン

背もたれに隙間がないタイプ。背もたれの存在感が際立つので、インテリアのアクセントに。

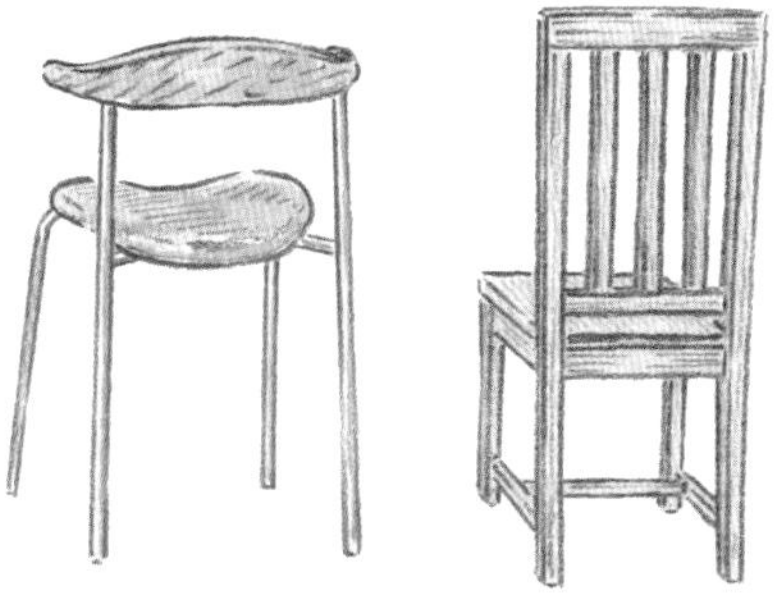

線のデザイン

背もたれに隙間があるタイプ。背もたれの存在感が強くならないので、軽やかでカジュアルな印象に。

その場合も2脚ずつ違うものにすると、程よい変化がついて、おしゃれに見えます。
次に、サイズ選びで気をつけて欲しいポイントをまとめました。

▼差尺（テーブルの高さからチェアの座面までの距離）

身長×0・55÷3が、理想の差尺です。日本製のテーブルの高さは70〜72㎝、チェアの高さは42㎝程が標準。適切な差尺は27〜30㎝です。差尺が広いと背筋が伸びますが、食事の際に肘が浮いて食べにくくなります。差尺が狭いとテーブルと膝・太ももの間に余裕がなく窮屈に感じられるので、適切な差尺に収まるようにしましょう。

▼座面の奥行き・高さ

座面の奥行きが深い場合、膝裏にあたって不快に感じることがあります。また、身長が150㎝前半以下の方は、座面高さにも注意。なるべく安定するように、足裏が床につくものを選びましょう。購入時はお店で靴を脱いで、必ず座り心地を確かめてください。

線のデザインのダイニングチェアは主張が強くなく、インテリアになじみます。チェアパッドをのせ、変化をつけました。

色選び

IDEA

17

迷ったら「白」は間違い！
「白」は無難ではなく、
組み合わせるのが難しい色

家具、家電、収納用品、小物など、インテリアアイテムを選ぶとき、「白なら間違いない」と思っていませんか。確かに白は、空間を明るく、広く見せてくれる色。清潔感もあり、失敗のない色のように思えます。

けれど一方で、白は組み合わせるのが難しい色でもあります。コロナ禍でマスクをしていたとき、「白だと目立つ」と気がついた方も多いのではないでしょうか。肌や服との色の差が大きく、白いマスクだけが浮いてしまうのです。

インテリアで白を選んだとき、それと同じ状況が、お部屋でも起こります。「無難だから」と選んだ結果、悪目立ちしてしまうのです。

これは、ダークトーンのインテリアのお宅でよく見かけます。市販の収納ボックスは白が多いので、よく考えずに選んでしまい、インテリアから浮いているのです。

この場合、白のボックスを黒や茶、グレーに変えるだけでスッキリします。最近は、無印良品でもファイルボックスの色にダークグレーが登場するなど、白ではない選択肢も増えてきました。

なかなかスッキリしないな、と感じたら、白のアイテムが浮いていないかチェックしてみてください。

白い空間に白いアイテムをおしゃれに飾る

一方で、白浮きとは逆のケースがあります。「白なら大丈夫だろう」と選んだインテリア小物。飾ってみたら、ぼんやりとした印象になってしまうケースです。

あるお客様のお宅では、白い棚の上に素敵な白い花器を置いていましたが、せっかくの花器が、周囲になじみすぎて素敵に見えません。

その時、解決策としてご紹介したのがアイデア1でご紹介した、ステージをつくること。白以外のトレイやマットを敷くことによって色の差が生まれ、白が引き立つように。お客様もその変化を、とても喜んでくださいました。

また、ステージをつくる以外に、背景をつくる解決策もあります（P.171参照）。

お客様の例と同じように、わが家の食器棚と壁紙は白。そこに白のアイテムを置くとぼやけてしまうのですが、壁に籐や木製のトレイ、ポスターを立てかけることで、白の輪郭を際立たせることができるうえに、おしゃれに見せられます。

白選びで知っておいて欲しいこと

最後に、白という色を選ぶ時に、失敗しないためのポイントをお伝えします。

壁紙などの内装、扉や床などの建材には、イエローベース、ブルーベース、レッドベースの3色があります。肌の色は、イエローベースとブルーベースの2種類ですが、それぞれに似合う色が違いますよね。それは住宅でも同じです。

日本の住宅には、イエローベースが多く使われています。その中にベースの違う色が入ると、浮いてしまうのです。

特に白はその色の差を感じやすく、わが家もリノベーション後、そのことに気がつきました。

基本の内装はイエローベースの白なのですが、リビングのブラインドにはレッドベースの白を選んでいました。また、トイレの扉はイエローベースなのに、取っ手はブルーベース。そのため、ブラインドも取っ手も近くで見ると違和感があります。サンプルを取り寄せて、自然光の下で確認しなかったのが反省点です。

自宅での失敗のおかげで、白を選ぶのが一番難しいことを痛感。今は、微細な色の違いに気づけるようになり、お客様へのアドバイスに生かしています。

小さいインテリア小物を選ぶときは、それほど気にしなくてもいいでしょう。でも、カーテン、ラグ、ソファなど、大きめのアイテムを白にするときは、白の色の違いを意識してみてください。

最初はわからなくても、見比べていると必ずわかるようになるはずですよ。

白い空間に白いものを置くと、
ぼんやりとした印象になりがち。
ナチュラルな色で背景をつくって、雑貨屋さんのようなインテリアに。

色選び

IDEA

18

ごちゃつき感を抑えて上質感を出す。「グレー」はインテリアの万能色！

ファッションでもインテリアでも、数年前からグレーが人気です。グレーは、白と黒の中間の無彩色。白の持つ清潔感と明るさ、黒の持つ大人っぽさの両方を合わせ持ち、どんな色にも合わせやすい色です。

濃いめのグレーは、スタイリッシュでかっこいい、薄めのグレーはやさしく穏やかな印象に。

ナチュラルなインテリアに取り入れると大人っぽさを、ダークトーンのインテリアに取り入れるとやわらかさをプラスしてくれます。

また、グレーは、ごちゃつき感を抑えてくれる色でもあります。

例えば、カラフルで形もバラバラな子どものおもちゃ。白い棚とグレーの棚に置いた時では、白い棚のほうはおもちゃの色が際立ち、ごちゃついて見えますが、グレーはおもちゃの色を落ち着かせて見せてくれます（P.175参照）。

また、おもちゃだけでなく、鮮やかな色、テイストがそろっていないポスターを複数枚飾る時も、色が際立ってしまう白い壁よりもグレーの壁の方が、まとまって見えます。コントラストが抑えられることで個性も控えめとなり、それぞれの調和がとれやすくなるのです。

壁紙は簡単には変えられませんが、グレーのこの良さを体感してもらえる、おすすめのアイテムはラグです。特に小さなお子さんがいるご家庭では、おもちゃが出しっぱなしで、イライラすることも多いのではないでしょうか。

グレーのラグを敷くことでごちゃつきが抑えられて、散らかっている印象も、ストレスも軽減されるのではないかと思います。

わが家でも、子どもが小さい頃はグレーのラグに助けられました。

どんな空間にも合う万能色で、ごちゃつきも抑えてくれるグレー。ぜひ効果的に取り入れてみてください。

白の背景の場合。白の明るさにより、カラフルなおもちゃがトーンアップ。色が際立ちます。

グレーが背景の場合。おもちゃの色がトーンダウンして、落ち着いた印象に。

色選び

IDEA

19

色を取り入れる時は、「トーン」さえそろえれば色数が多くてもまとまる

「お店で惹かれて購入したインテリア小物。家に帰って置いてみたら浮いてしまった」。そもそも「インテリアがチグハグで、まとまりがない」と、お客様から相談されます。

よくよくお話を聞いてみると、色選びに失敗しているケースが多いですね。基本的に好きな色でそろえていけばいいのですが、好みがはっきりと定まらない状態で、その時々で購入していると、いろんな色が混在して、お部屋にまとまりがなくなってしまいます。

色選びで大切なのは、トーンです。難しく聞こえるかもしれませんが、パステル（ペール）トーン、ダークトーンといったらどうでしょう。イメージしやすくなるのではないでしょうか。

トーンとは、明るさ（明度）と、鮮やかさ（彩度）の度合いで決まっています。彩度と明度の近い色をグループ化したものを、トーンと呼んでいます。

家具やインテリア小物を選ぶとき、同じトーンの中であれば、色がたくさんあってもまとまります。逆に、「まとまりがない」と感じているなら、トーン違いの色がないかどうか、お部屋を見渡してみてください。

「トーンを合わせて」とお伝えしましたが、トーンが違っていてもいいケースもあります。それは、好きな色1色でまとめたい場合です。

ファッションでは、「ワントーンコーデ」という言葉があります。私は、これをワンカラーでトーン違いの洋服をコーディネートすることだと理解していますが、インテリアでも参考にするとわかりやすいですね。同じ色ならトーン違いのものを取り入れたほうが、お部屋に立体感が出て、完成度が上がります。

グリーンもそれぞれにトーンがあります。同じグリーンでも、トーン違いの葉を組み合わせると、お部屋に奥行きと広がりが生まれて、気持ちよく過ごせます。

色選び

IDEA
20

1点投入だけでは、おしゃれにならない！色でつないでまとまりを出せば、一気におしゃれなお部屋になる

季節の変わり目や気分を変えたいとき、今までにはない色のアイテムをインテリアに取り入れたくなることがありますよね。

例えば、明るい木目を活かしたナチュラルなリビングに、今流行のビンテージ系の赤いラグを取り入れる場合。他の場所で使われていない色だと、どうしてもそこだけ浮いてしまいます。

そこで、ソファに赤いクッションを加える、ダイニングに赤が入ったポスターを飾る、ダイニングチェアの座面に赤系のチェアパッドを敷くなどして、同色系、もしくは、同じぐらいのトーンの色小物を取り入れて色をつないでいくと、お部屋全体に統一感が生まれます。

このテクニックは、手持ちの家具がチグハグだったり、お部屋の内装と家具が合っていないと悩む方にも有効です。

例えば、ダイニングテーブルはオークで、チェストだけがウォルナットだった場合。チェストの色浮きをなくす、2つの方法があります。

クッションと植木鉢のグレー、クッションとポスターのベージュで、色をつないで統一感があるコーナーに。

ラグがインテリアの中で浮かないように、ラグの中にある色「黒」に着目。サイドテーブルに黒、ポスターにも黒が入っているものを取り入れて、色をつなげています。

ひとつは、お互いの色を取り入れて、統一感を出す方法。ウォルナットのチェストの上に、オークのポスターフレームやブックエンドなどのアイテムを置きます。反対に、オークの空間の中には、ウォルナットの収納ボックス、ダークな色のポスターなどのアイテムを増やしていきます。

もうひとつは、まったく新しい色を取り入れて、統一感を持たせる方法です。ウォルナットのチェストの上とオークの空間に、同系色の小物やポスターを飾るのです。この時、色は好きなものでよいのですが、モノトーン系だと簡単に統一感を出すことができます。

この方法は、ファッションを例にするとわかりやすいですね。靴とバッグを同じ色にすると、コーディネートがまとまるのはよく聞くと思います。手元、足元の少し離れたエリアで、共通の色を持たせるとまとまりが出るのは、インテリアでも同じこと。

ぜひ、試してみてください。

CHAPTER

3

「どんなインテリアが好きなのか？」わからなくなったら

「自分の好き」を知る道しるべ。洋服の好みがインテリアに反映される

チャプター1、2では、インテリアの具体的なテクニックをいろいろご紹介してきました。チャプター3では、テクニック以上に大切な、「自分の好き」を知るためのヒントになる考え方をお伝えします。

「どんなテイストが好きなのかわからない」もしくは「好きなテイストや色がありすぎて、決められない」という方は、結構多いと感じています。かつての私もそうでした。

家族がいいと言ったから。周りの人に褒められたから。SNSでよく目にするから。はっきりとした好みがわからないから、そういうものを選びがちでしたが、後から、「本当にこれだったのかな?」と、モヤモヤすることも多かったのです。

お客様からインテリアのご相談を伺っていると、「どうして私の好みがわかるんですか？」と、聞かれることがありますが、その方の話し方や仕草に、ちゃんとその方らしさは出ているものです。

けれど、自分で自分を知ることは難しいですよね。

特に最近では、ＳＮＳにたくさんの素敵な画像があふれているので、「自分の好き」がわからなくなってしまいがちです。

そこで、おすすめするのは、クローゼットを客観的に見てみることです。

「インテリアなのになぜ？」と思うかもしれませんが、こんな質問をご自身にしてみてください。

- どんな色の洋服を持っていますか？
- どんなデザインの洋服が好きですか？
- 組み合わせるとき、どの程度の濃淡（コントラスト）をつけますか？
- どんな素材が好きですか？

なぜ、こんなことをお伝えするかというと、「インテリアとファションの好みには共通点がある」と実感することが、お客様とのやり取りでよくあるからです。

例えば、どんなキッチンにしようかと悩まれていたお客様がいました。その方は、白いTシャツにデニムというシンプルなコーディネートに、アクセサリーやバッグでアクセントをつけるという着こなしが好きな方でした。

打ち合わせを重ねた結果、最終的にその方が選ばれたのは白いシンプルなキッチン。そこに、好きなグリーンやインテリア小物を飾ってアクセントにするという、ファッションの好みと同じようなスタイルになりました。

他にも、ベーシックな色の洋服が好きな方は、やはりインテリアでもベーシックな色を選ばれます。個性的なデザインの洋服が好きな方は、個性的な形のアイテムを取り入れたり、色使いにも特徴を持たせることが多いですね。

私の場合でいうと、白やベージュの洋服が好き。デザインもシンプルでベーシックなもの、素材は肌触りのよい天然素材のものが多いです。

だからなのか、わが家のインテリアは壁紙やブラインドは白、床はホワイトオーク。家具はベーシックなデザインで、素材は手触りのよい無垢のものを選んでいます。

インテリアで「自分の好き」がわからなくなったら、好きで着ている洋服を観察してみてください。まだ気づいていない「あなたらしさ」が隠れているかもしれませんよ。

似合うと好きは違う。大切なのは「自分が好き」かどうか

インテリアの好みがファッションにも共通するとお伝えしましたが、こんな経験はないでしょうか？

店員さんから「とてもお似合いです」と言われて買った洋服。けれど、しっくりこなくて、あまり着る機会がなく終わってしまった……。

そう、他の人から見た「似合う」と、自分がしっくりくる「好き」って違うのです。

私は35歳のとき、これまで着ていた洋服が急に似合わなく感じ、どんな洋服を着たらいいのかわからなくなったことがありました。そこで、パーソナルカラー診断を受

けたのです。

そこでわかったのは、私の肌を一番きれいに見せてくれるのは、青や赤、オレンジなどのビビッドな色という、これまでの手持ちの淡い洋服とはまったく正反対の色でした。

それを真に受け、一時期、私のクローゼットの中はとても鮮やかに彩られました。その光景は、とても新鮮でした。

けれど、新しく買ったビビットな色の洋服を着ても、自信が持てたのはほんの一瞬。「あれ、こんな私になりたかったんだっけ？」と着るたびに違和感が強くなりました。結局、ビビッドな洋服は処分し、好きだと改めて気づいたベーシックな色に戻しました。

インテリアでも、「うちの内装の色に似合うのは、この家具だよね」と、好きより「似合う」ことを考えて、コーディネートを考える方がとても多いです。

けれど、本当にそれが好きかどうか、ちょっと立ち止まって考えてみてほしいと思います。

プロローグでお伝えしましたが、自分好みのインテリアは、人生を前向きに変えてくれる力があります。

「好き」よりも「似合う」を優先して選んだものは、センスアップはするかもしれませんが、先にお伝えした私の洋服の失敗談同様、「違和感」が残ってしまうことがあります。


本当の好みを探るために、いったん今の家とは別に「新しく家を建てられるとしたら、どんなインテリアにするだろう？」と考えてみてはどうでしょう。自分の好みをゼロベースにするのです。現実には叶わないとあきらめず、何にもとらわれることなく、あなたの本当の好みを考えてみて欲しいのです。

そこから、今のお家で「自分の好き」にどうすれば近づくのか、方法を探していきましょう。チャプター1、2の中でも、その方法をたくさんご紹介しています。

「好き」を選ぶとき、自分の心に素直に向き合って欲しい

好きなものを選ぶとき、「自分の心に素直でいること」を心がけて欲しいと思います。


本当はこっちが好きだけど、お金がかかるから。

本当はこっちが好きだけど、こっちのほうが役に立ちそうだから。

本当はこっちが好きだけど、常識的にはこっちかな。

こんなふうに、自分の気持ちを頭で考えて、心の声を素直に出せていないことはありませんか？

もちろん、心に真っ直ぐ従えないときがあって構いません。むしろ、日常にはそれがつきもの。でも、「自分の心に素直でいよう」と、常に心に留めておくと、頭の中では「ない」ことにした「好き」の気持ちに、気づくことができるようになります。

また、「家族がどう思うか？」を気にしてしまい、なかなかテイストが決められない方もいます。そんな場合は、「私の好きにしていい！」という許可を、自分に出してあげてください。

なぜなら、「誰か」を軸に考えたインテリアでは、あなたが幸せを感じるのは、その誰かに褒めてもらった一瞬だけです。

自分が本当に好きで選んだものを目にすると、内側から湧き出るような喜びで満たされます。落ち込んだときも、疲れているときも、お家にあるもので自分を満たすことができます。

お客様とインテリアの相談をしているとき、「これ！」という好きなものが見つかった瞬間、その方は目がキラキラして表情も明るくなります。それを見ていると、こちらまで幸せな気持ちになります。

ご家族もきっと、あなたが好きなものに囲まれて、機嫌よく過ごしている姿を見たら、幸せを感じられるのではないでしょうか。

また、こんなふうに内側からあふれる幸せが湧いてくる住まいなら、仕事で辛いことがあっても、誰かに嫌なことを言われても、何が起きても「自分で自分を立て直すことができる」と、日々の心も安定していきます。

あなた以外の、誰かの視点を気にする必要はないのです。

「誰か」の声に敏感になるよりも、自分の心の声に敏感になること。

そうすることで、理想のインテリア、理想の暮らしが叶い、理想の人生が歩めるようになると思います。

理想のインテリアを明確にする「好き」「少しだけ違う」2種類の写真

自分好みのインテリアを知る方法として、手持ちの洋服を観察してみるほかに、お客様に2種類の写真を集めていただくようお願いしています。

ひとつは、自分の好きなインテリア写真。インスタグラムやピンタレストなどを見て、「好きだな」と思うものを集めてもらいます。

もうひとつは、好みには近いけれど「少しだけ違う」という写真です。雰囲気は好きだけど色が少し違う、色や素材の組み合わせは好きだけど、分量や配色が少し違う、といった写真です。

実は、この少しの違いに、自分なりのこだわりや「好き」を知る手がかりが詰まっているとことが多いのです。

好きと正反対のインテリアのイメージは、写真を集めなくてもわかります。でも、「少し違う」はたくさんの写真を見比べていく中で気づくこと。最初は気づかないことが多いので、写真を探しながら見つけてもらっています。

集めた写真のどの部分が良いと思ったのか、どこが「少し違う」と思ったのかをメモします。例えば、家具は木製にしたいけれど、色は濃い目のウォルナットは少し違う、インテリア全体は好みのテイストだけど、白と木の配色の割合が少し違う、ダイニングチェアの背もたれのデザインが少し違うなど、文字にしてみます。

そうすると、自分なりのこだわりがわかってきて、SNSの誰かの真似ではない、唯一無二の自分らしいインテリアに近づくことができます。

たくさんの写真を見ていると、「いいな」と思うものがいろいろ出てきて、悩んでしまうかもしれません。けれど、それも必要な過程。ちょっとした違和感を意識するようにすると、必ず誰のものでもない「あなたの好き」がわかってきますよ。

自分らしく幸せに生きるために、インテリアの力を使って欲しい

キッチンをお気に入りのインテリアにしたお客様から、メールをいただきました。今年の春からお子様が高校生になり、毎朝お弁当をつくることになったそうです。「お料理が苦手なので、早起きしてお弁当をつくることがプレッシャーでした。でも、お気に入りのものだけに囲まれたキッチンに立っていると、心から幸せを感じられて、お弁当づくりも頑張れます」というような内容でした。

こんなお声を聞くと、私もうれしくなります。これまでお伝えした通り、私自身もインテリアに助けられたことが多くありました。

その中のひとつは、朝が苦手な私が、早く起きられるようになったこと。わが家のリビングは、朝の時間帯がとてもきれいなのです。ブラインドからあふれ出るように朝日が差し込み、その光で植物が輝きます。天井から下げているガラスのモビールが、朝日を反射して、周囲に光を広げます。この光景を見逃したくないという気持ちで、早く起きられるようになり、朝の時間が、とても好きになれました。

けれど思い返すと、引っ越した時はこんなにきれいな光景があることに、まったく気づかなかったのです。なんでもない日常の中に素晴らしい瞬間があることに、インテリアを整えていく過程で気がつきました。お部屋と自分と向き合うことで意識が変わり、幸せな瞬間を見つけられるようになったのです。

それから、朝起きたときに一番に目に入る場所に、子どもたちが描いてくれた絵を飾っています。離婚した後、最初の私の誕生日に子どもたちが「似顔絵をプレゼントするね」と、描いてくれたものです。てっきり私だけの顔が描かれているかと思ったら、隣には2人の姿もありました。

誕生日は冬なのに、桜の木と蝶と大きな太陽も描かれていて、「1人じゃない、2人に守られているんだな」と感じることができました。

朝起きて一番に目に入るその絵が、私が毎日頑張る力になっているのはもちろんですが、ちょっとイライラしてしまった時でも、その絵を見ると子どもたちの春のようなあたたかい気持ちを感じて、穏やかでいられます。

こんなふうに、心が落ち着いていく瞬間は、絵やポスター、つまりインテリアには心を動かす力があることを、感じずにはいられない瞬間でもあります。

本当の幸せは、日常の暮らしの延長線上にある

インテリアを通して、自分の「好き」を知ったことで、暮らしの中の優先順位も以前より明確になりました。

以前は、子ども達に栄養満点な食事をつくりたくて、食べている途中でキッチンに立って一品追加することもありました。けれど本心では、会話を楽しみながら一緒に座って食事をしたい。

その気持ちを優先させようと、食事は調理が簡単なものにし、配膳も楽になるように家族分のトレイを購入。本体部分の色がとてもきれいな無垢のウッドトレイです。

このトレイを使うようになってから、「私にとってこの時間が大切なんだ」ということを使うたびに意識できるようになりました。

アイテムひとつで、自分の意識が変わる。暮らしを丁寧にしようと思える。「心から私が好き」というアイテムなら、その影響力は大きいのです。

家事に子育てに仕事にと忙しい日々。私が、いつも心がけていることがあります。

▼暮らしの中で、躊躇せず「私の好き」を取り入れてみること。

▼「便利」「お得」「高い」「安い」より、「私の好き」を優先させること。

▼SNSなど、誰かにおすすめされた「素敵」は、何が素敵なのか。「私」の視点で確認すること。

この心がけを積み重ねていくと、心から好きなものに触れられる機会が増え、日常に幸せや感動を感じられる時間も増えていきます。

あなたの「好き」に囲まれた、あなたらしい暮らし。そこにたどり着く頃には、日常の小さな幸せに気づく、感性まで磨かれているはず。あなたらしく、幸せを感じて生きるために、ぜひ、ご自身のお部屋、インテリアと向き合ってみてください。

インテリアはあなたを励まし、必ず、応援してくれる力になるはずです。

CHAPTER

4

おしゃれなインテリアを
キープするための
収納術

収納は間取りに合わせるのではなく、暮らし方に合わせる

せっかく素敵なインテリアにしたのなら、そのままずっとキープしたいもの。そのためには、収納を整えることが大切です。単に「お部屋を片づけよう」ではなかなか収納モチベーションが上がらない方も、「インテリアを素敵にキープしておきたい」と考えると、片づけのやる気につながることがあります。

私が収納で大切にしているのは、間取りや収納場所にとらわれずに、自分の暮らし方に合わせてものの置き場所をつくること。それは、動線を考えて使う場所の近くに収納する、ということです。

今の家で暮らし始めた時は、パントリーには食材、食器棚には食器など、「〇〇はここにしまうべき」というセオリー通りの収納でした。けれど気を抜くと、あちこちにものが散乱していました。収納量は足りているはずなのに、きれいに暮らせていないことに罪悪感を感じる毎日です。

そこで、自分が毎日、家の中でどう行動しているのか、どんなものが散乱しがちなのかを観察してみることにしました。

すると、自分の動線と収納場所に距離があるとしまえない、ということに気がついたのです。それから、「間取りに合わせるのではなく、暮らし方に合わせる」収納法を実践するようになりました。

例えば、帰宅してすぐに脱ぐコート、バッグ、アクセサリーはどこに収納していますか？　私は以前は、帰宅してキッチンでアクセサリーを外して手を洗い、ダイニングにコートとバッグを置いて夕飯の用意をし、その後、それらを回収して寝室のクローゼットに収納していました。でも、実際はバタバタして、クローゼットには収納できずに置きっぱなしに。

そこで、散らかりがちなそれらのものを、次の収納場所に変えたのです。

▼**コートとバッグ：**寝室クローゼット⬇パントリーに

帰宅後、すぐキッチンで手を洗うので、パントリーにコートとバッグ置き場をつくったら、ダイニングにそのまま置きっぱなしということがなくなりました。

▼**アクセサリー：**寝室クローゼット⬇キッチンの背面カウンターに

手を洗う時にアクセサリーを外すので、シンクの背面のカウンターにアクセサリー置き場をつくったら、なくしたりすることもなく、動線がスムーズに。

そして、子ども達のアウターも同じように考え、収納場所を子ども部屋から、リビングの入口に移動しました。玄関すぐ横のリビングの入口なら、帰宅後、子ども達が自分でかけられます。

「○○はここにしまうべき」というセオリーを取り払い、一番散らかりがちなものと、自分の動線を見直してみると、散らからずに快適に暮らすことができます。

上：帰宅して、すぐにキッチンで手を洗って夕食の準備をするので、パントリーにコートとバッグの置き場をつくりました。

左：子ども達のアウターは、リビングの入り口にポールハンガーを置いてかけるように。背の低いもの、かつ入り口付近なら、インテリアの邪魔になりません。

大人が片づけしやすい収納は、子どもにとっても使いやすい

お客様から、「子どもが片づけてくれない」「せっかく片づけても、子どもが散らかす」というお悩みを相談されることがあります。

わが家の息子2人も同じでした。以前は、音楽をかけて片づけを楽しいものだと演出したり、2人で競争させたりといろいろ工夫をしてみましたが、効果はなし。結局、私がイライラしながら片づけをしていました。

でも、ふと「私も子どもの頃、片づけられなかったな。今はまだ、子ども達が自分の意志で片づけるのは難しいのかもしれない」と考え、片づけたいのは私なのだから、私が片づけやすい方法を実践しようと、切り替えたのです。

例えば、普段、子ども達はダイニングテーブルで勉強をしていますが、P.134でご紹介したように、よく使う教材、文房具などを置く「ポイ置き場」をつくっています。勉強が終わったら、たいていテーブルの上に出しっぱなしですが、いざとなればポイ置き場があるので安心して出しっぱなしに。夕飯時など、きれいにしたい時は、ポイ置き場にパッとしまえます。

使う頻度が低い教材などは、リビングの扉つきのキャビネットにしまっています(上の写真)。1段ずつそれぞれの専用棚にし、見やすいように立てて収納。

頻度や人別に分け、子どもの手の届きやすい範囲に収納場所をつくりましたが、基本的には私が片づけやすい収納方法にして、日々のストレスを減らすようにしました。そうしたところ、子どももガミガミ言われることが減ったからか、自分で片づけることも増えたように思います。

最短ルートの収納で、楽&散らからない仕組みに

子どもの洋服は、すべて洗面室に収納されているおかげで、管理が楽になりました。以前は洗面室に収納がなく、子ども部屋の押入れと、寝室のクローゼットに分散して洋服をしまっていましたが、今は洗面室にまとめています（P.213参照）。

洗濯物は干さず、洗面室でドラム式の乾燥機を使っているため、乾燥後はすぐにまとめてしまえます。そのおかげで、リビングに洗濯物が散らかることがなくなりました。服を脱ぐのも着るのも、洗面室の1カ所のみ。子ども達にとっても、朝、顔を洗って着替えるという身支度が洗面室だけで完結するので、とても楽なようです。

また、私が「洗濯物をしまって欲しい」とお願いすると、シンプルな仕組みで分かりやすいためか、すぐに取り組んでくれるようになりました。

買い物も、食事をつくるのも、掃除も、洗濯も、子どもの送迎も……。とにかくお母さんの負担が多いのだから、せめて片づけだけは、夫や子どもにやって欲しい！だから、夫と子どもが片づけやすい仕組みにするといった方法は、わが家の場合、押しつけの気持ちもあったせいか（笑）、うまくいったことがありません。

結局、きれいにしたいのは私。だから、まずは私が使いやすい収納をとことん考えてみようとトライ&エラーを繰り返したら、とても楽な仕組みに落ち着きました。そして、わかりやすくシンプルな収納は、「やってくれなくても楽だからいいや」という気持ちの余裕も生み出しました。

子どもが片づけない……と思っている方は、まずは自分にとって片づけやすい収納を考えてみてはどうでしょう。きっといい循環が生まれますよ。

外出するときに必要な、子ども達のハンカチやマスクは玄関のコンソールの下部に、カゴに入れて収納。「あ、ハンカチ！」と引き返さなくていいので便利です。

子ども達のゲームは、リビングのキャビネットの上の黒いボックスに収納。散らかっていたら私が必ずここに戻すので、子ども達があちこち探さずにすむようになりました。

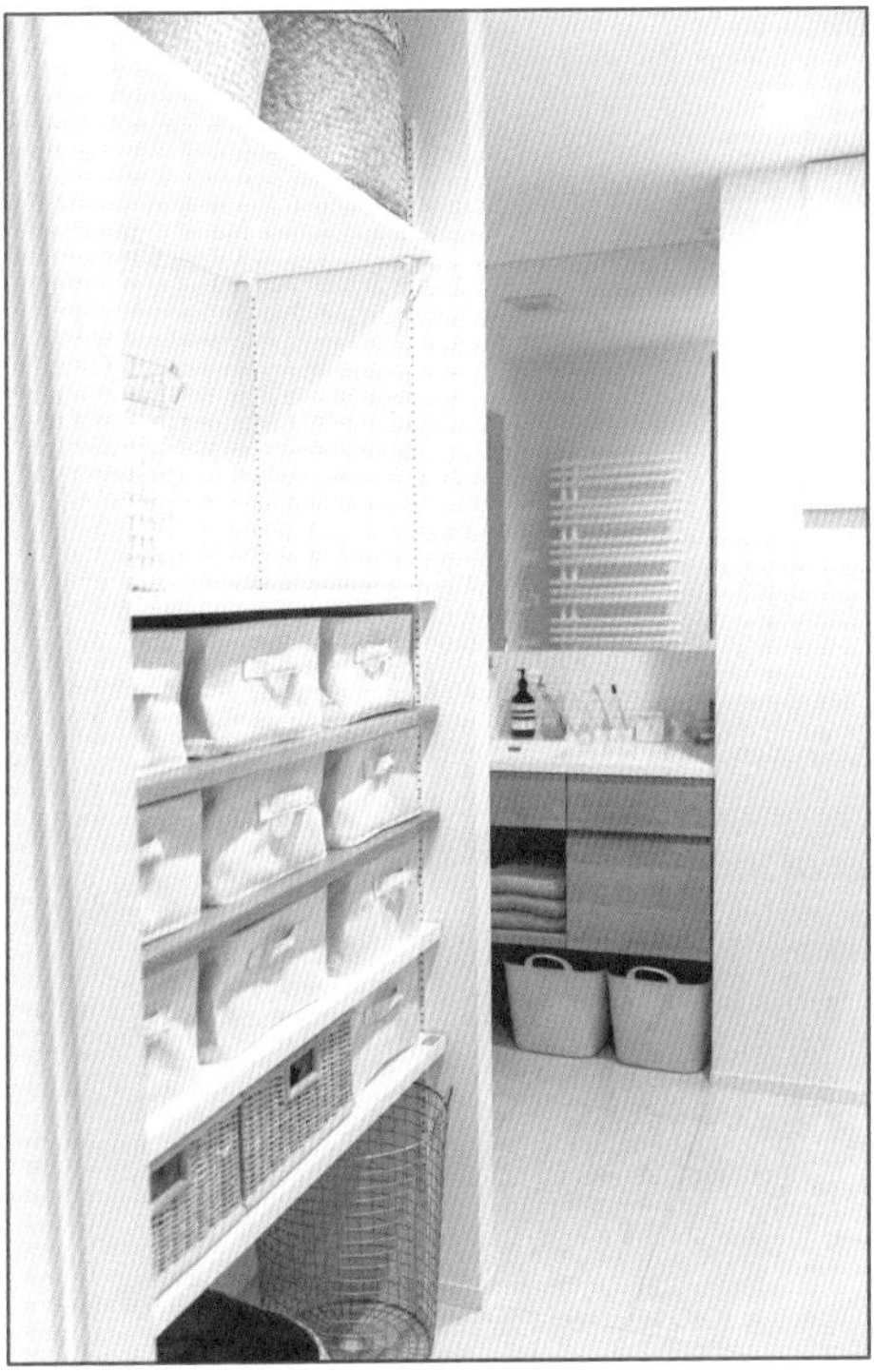

衣類は洗面室にまとめました。洗濯・乾燥後にすぐしまえるし、子ども達も身支度が楽なようです。子ども達の洋服は、手の届く低い位置にしています。

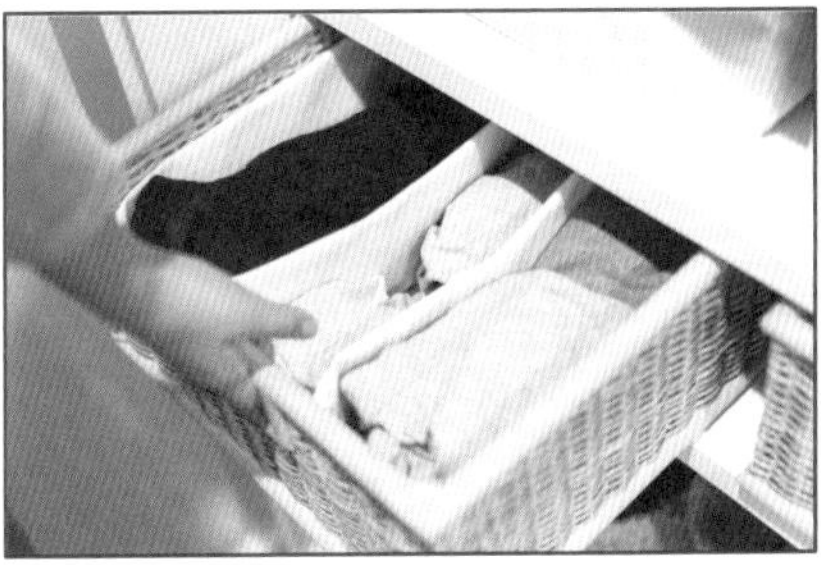

取っ手がついたカゴや布製ボックスで、引き出せるようにしました。中は仕切って、何が入っているのか一目でわかるようにしたら、自分でしまえるように。

収納は引き出し1個から。しっかり仕切って、モチベーションアップ

私は「片づけ上手で、きちんとしている」ように見られますが、実はそうではありません。子どもの頃は、家族の中で「お前が一番散らかす」と、怒られていたぐらいでした。

それが、お気に入りのインテリアにしたことによって、「片づけたい」と思うようになり、きれいを保つために、引き出しの中までしっかりと仕切るようになりました。仕切ることでしまいやすくもなるので、収納に仕切りは必須です。また、収納の中まできれいに見え、見るたびに収納へのモチベーションも上がります。

ものが多いと引き出しの中もきれいに見えないので、定期的に引き出しの中も見直

すようになりました。

引き出しの仕切りは、永い目で見てフレキシブルなものに

リノベーションをしたとき、お皿を立ててしまえるように、キッチンの食器棚の引き出しに食器専用の仕切りを造作しました。

ピッタリで便利に使っていますが、後から購入しようと思ったオーバルのお皿など入らないものがありました。しっかりと仕切ることは大切ですが、手持ちのものに合わせて細かく固定してしまうと、後々使い勝手が悪くなる場合があると気がつきました。

ものは、暮らしによって変化します。仕切りを入れる場合は可動式で、棚や引き出しに合わせて変えられるものがいいですね。

お皿用の仕切りではないのですが、その経験から今、私が愛用しているのが、無印良品の「ポリプロピレンデスク内整理トレー」のシリーズ。可動式なので位置を変えられ、別売りで仕切りも追加できます。

このトレーを使ったおすすめの収納方法があります。それが、斜め収納です（P.219参照）。以前は、こしょうなどの調味料が取り出しにくいと感じていました。ボトルを寝かせると取り出しにくいし、立てると何が入っているのかがわかりにくいのです。

ある時、引き出しには意外と高さがあることに気がつき、斜めにしてみたらそれまでの不便さが解決。取り出しやすいうえに、たくさん入るのです。それ以来、カトラリーや文房具、薬なども、斜めに収納するようになりました。

深い引き出しは、収納ボックスで無駄なく仕切る

深い引き出しを無駄なく使うためには、中を仕切る収納グッズのサイズがカギ。わが家で使っているのは、4種類のファイルケース。無印良品の幅10㎝、幅15㎝サイズ

と、ニトリの幅13㎝、幅14・5㎝サイズです。わずかな違いですが、このおかげでスペースにピッタリ合わせることができます（P.220参照）。

収納アイテムは場所ごとにすべて同じメーカーでそろえられたら楽ですが、引き出しによって微妙に差があるので、この4種類を使い分けます。この使い分けができれば、ほとんどのお宅できれいに仕切ることができます。

また、キッチンの引き出しには、備えつけの収納パーツが設置されていることも多いのですが、うまく使いこなせていないなら思いきって外してしまうのも手。いったんリセットしてボックスを並べるほうが、圧倒的にスッキリし、うまく収納できます。

まずは、引き出し1個から収納を整えてみましょう。一度、機能的な引き出しをつくってみると気持ちが良くて、その状態をキープしたくなるはず。収納のモチベーションが上がり、他の引き出しも整えたくなりますよ。

カトラリーの引き出しは、サンワカンパニーのアレンジ自在なSiKiLiNaを使って斜めに収納。見た目の美しさにこだわりました。

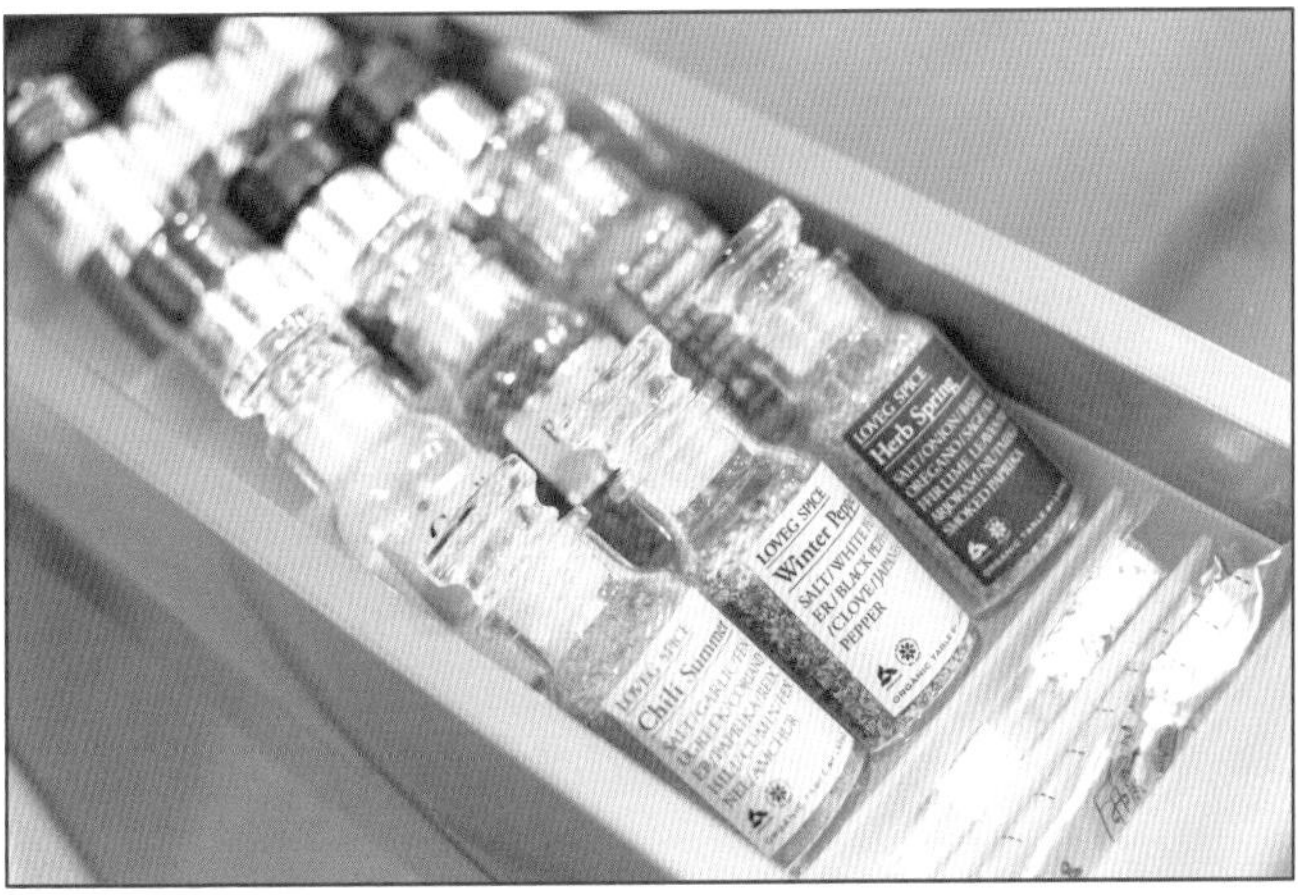

無印良品のポリプロピレンデスク内整理トレーで取り出しやすくしまいやすいように、調味料を斜めに収納。仕切りを調整すれば、ビンの大きさが変わっても対応できます。

同じく無印良品のトレーで、リビングの引き出しの中も斜めに収納。どこにでも使えて、値段もリーズナブルなので、おすすめのトレーです。

キッチンのコンロ下の深い引き出しは、サイズが違う、無印良品とニトリのファイルケースで、無駄なく仕切ります。

好きなものはたくさんあってもいい！自分基準の適量に合わせて、収納場所をつくる

ミニマリストブームもあって、ものが増えることに罪悪感を抱く方もいるようです。けれど、好きなアイテムであれば、無理に制限をせず、集めたり、お部屋に飾ったりして楽しんでいいと思っています。

以前、リノベーションを担当したお客様で、クリスマスのオーナメントをたくさん持っている方がいました。普通なら「一度に飾れない分は、処分しましょう」と言いたくなりますが、好きなものはどうしても集めてしまうし、なかなか処分できないものです。

このお客様はファッションやコスメなどにはそれほど興味がなく、お手持ちの洋服の数が少なかったこともあって、クリスマスのオーナメントを収納する場所を確保できました。

私の場合は、お花を飾ることが好きなので、集まってしまうのは花器です。サイズや形違いで、たくさん持っています。お花を生けるとき、キッチンのシンクを使うので、花器はシンクの背面に収納しています。そのため、食器や調理用具は増やさないように注意。食器も大好きなので辛いところですが、ここは花器を優先です。

このように、「適量」は人によって違います。「○○は多すぎるから処分しなきゃ」と思い詰める必要はないのです。

すべての持ちものを、よく言われている適量で収めるのではなく、「興味がないものは減らす、増やさない」と決めて、自分基準の適量に合わせて収納場所を変えていけばいいと思っています。

いつも大切にして欲しいのは、誰のものでもない「あなた自身の価値観」ですよ。

お花はキッチンのシンクで生けるので、花器の収納はその背面に。背の高いものは寝かせるなど、サイズに合わせてフレキシブルにしまいます。

寝かせた花器が転がらないように、ブックエンドで仕切りました。ブックエンドが動かないように、耐震マットで固定。どちらも１００円ショップで買えます。

大塚彬子
（おおつかあきこ）

一級建築士・インテリアコーディネーター・ライフオーガナイザー。早稲田大学理工学部建築学科卒業後、旭化成ホームズ（株）入社。注文住宅の設計に携わる。収納提案が高く評価され、社内で新人賞を受賞。一級建築士試験に一発合格。建築業界に興味を持ったきっかけが家具だったことから、その後は設計に加えて、インテリアの専門性も高めることに力を注ぐ。間取りの段階からインテリアを考えることが、理想の住まいを作るうえで重要だと気づき、住宅設計も手掛けるインテリアショップに転職。設計、コーディネート、オーダー家具、オーダーキッチンを担当。きめ細やかな提案で、担当物件の成約率はほぼ１００％。２０１８年独立。自宅のリノベーションの経験から、「住まい・インテリアには人生を変える力がある」という思いを強くする。現在は、「明日のあなたを応援する家に」というポリシーを掲げ、リノベーションのトータル提案、ディスプレイや収納サポートまでを行う。住まい手のらしさを引き出す空間づくりが高く評価されている。手がけた物件は１８０件以上。プライベートでは男児２人の母。
アイエ一級建築士事務所　https://akikomaeda.com

この３つで劇的《げきてき》にあか抜《ぬ》ける
人生《じんせい》が変《か》わるインテリア

二〇二四年四月一八日　初版第一刷発行
二〇二四年八月　七日　第二刷発行

著　者　大塚彬子
発行者　三輪浩之
発行所　株式会社エクスナレッジ
〒一〇六-〇〇三二
東京都港区六本木七-二-二六
https://www.xknowledge.co.jp/

問い合わせ先　編集　ＴＥＬ：〇三-三四〇三-六七九六
ＦＡＸ：〇三-三四〇三-〇五八二
info@xknowledge.co.jp
販売　ＴＥＬ：〇三-三四〇三-一三二一
ＦＡＸ：〇三-三四〇三-一八二九